KB264454

50가지 예수 모습

50가지 예수 모습
2004년 10월 초판
2013년 2월 신정판(7쇄)
2022년 7월 10쇄
옮긴이 · 신동환 | 펴낸이 · 박현동
펴낸곳 · 성 베네딕도회 왜관수도원 ⓒ 분도출판사
찍은곳 · 분도인쇄소
등록 · 1962년 5월 7일 라15호
04606 서울 중구 장충단로 188(분도출판사 편집부)
39889 경북 칠곡군 왜관읍 관문로 61(분도인쇄소)
분도출판사 · 전화 02-2266-3605 · 팩스 02-2271-3605
분도인쇄소 · 전화 054-970-2400 · 팩스 054-971-0179
www.bundobook.co.kr
ISBN 978-89-419-1302-3 03230

안셀름 그륀 지음 신동환 옮김

사람이 되신 하느님의 사랑, 나를 치유하는 예수님의 모습

50가지 예수 모습

분도출판사

차례

들어가면서

50가지 예수 모습

예수님은 나의 삶을 어떻게 변화시키셨을까?

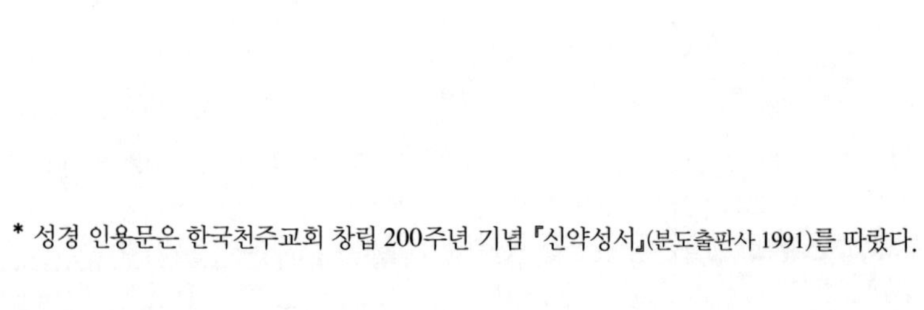

예수를 말하다

우리 수도원에서는 가끔 여럿이 무릎을 맞대고 앉아 영성 문제와 오늘날 사람들이 가장 절실하게 생각하는 문제에 대해 함께 이야기를 나누곤 한다. 최근에 우리는 나자렛 예수라는 인물에 대해 집중적으로 생각해 보았다. 예수님이 실제로 얼마나 우리 삶에 영향을 미치고 변화시키는 것일까? 그분이 우리의 일상생활을 좌우하실까? 우리가 일상의 불안과 갈등과 실망감을 극복하는 데 예수께서 도움을 주실 수 있을까? 나자렛 예수의 어떤 면이 그토록 매력적일까? 그분께서 전하시는 말씀이 오늘 이 세상에 살고 있는 우리에게 어떤 의미가 있을까? 대화를 할 때마다 이런 질문이 늘 제기되었다. 그래서 우리는 자신을 위해서도 우리 수도원을 방문하는 사람들을 위해서도 이 문제에 대한 답을 주어야 한다고 생각했다.

새 시대의 새 예수 책

수도원 밖에서는 예수님을 어떻게 생각하고 있을까? 대화를 할 때마다 나오는 질문이다. 새 천년 벽두 사람들의 삶에서 그분은 어떤 역할을 하실까? 사람들은 예수님을 어떻게 생각할까? 좋아할까, 싫어할까? 예수님의 인격과 삶, 그분의 실제 의미는 제대로 알지도 못하면서 그분에 대해 상투적으로 하는 말은 참 많다.

우리는 예수님에 관한 새로운 책을 써야 할 때가 왔다고 생각했다. 한 가지 문제는 예수님이 실제로 어떤 인물이었는지 보여주는 것이다. 나자렛 출신의 랍비인 예수님에 대한 관심을 일깨우는 것도 또한 중요한 문제이다. 그런가 하면 예수님에 얽힌 의문을 밝히는 일에 사람들이 호기심을 가지고 있다는 사실 또한 중요한 대목이다.

우리가 이야기하는 것은 조직신학이 아니다. 오히려 그동안 잘 알려지지 않았던 예수님의 탁월한 인간적인 면모를 여러 각도에서 조명해 그분의 여러 모습들을 있는 그대로 보여주고자 한다.

예수의 모습은 달리는 차와 같다

이 모습들은 고정적인 것이 아니다. 그것은 밖의 먼 곳을 바라볼 수 있는 창문과 같다. 창문 하나하나마다 새로운 전망을 즐길 수 있다. 이 모습들을 보면서 누구나 자신의 모습을 생각해 보게 된다. 하지만 마음에 와 닿지 않는 모습이 있으면 그냥 지나쳐도 괜찮다. 이 모습들은 우리가 새로운 방식으로 예수님을 볼 수 있도록 창문을 열어준다. 이런 모습들은 관념적인 신학이 전해 줄 수 없는, 예수님에 대한 새로운 사실을 알려 준다. 이런 모습들을 통해 우리는 예수님의 새로운 면을 발견하게 된다. 이 모습들은 마치 달리는 차와 같다. 이런 모습들은 우리를 태우고 앞으로 나아가지만 때때로 그 자리에서서 더 이상 가지 못한다. 그러면 어쩔 수 없이 다른 차로 바꾸어 탈 수밖에 없다. 예수님의 새로운 면을 우리에게 보여주는 또 다른 모습을 찾을 수밖에 없다.

예수님의 50가지 모습 중에는 이미 우리가 아는 모습도 있고 잘 알려지지 않은 모습들도 있다. 잘 알려지지 않은 모습은 처음에 아마 낯선 느낌이 들 수도 있다. 의식적으로 낯설게 한 경우도 있다. 설득력이 없는데도 강론 때마다 별생각 없이 예수님의 모습에 대해 이야기하지 않았으면 하는 바람에서다. 예수님의 모습들이 우리에게 유익했으면 좋겠다. 이런 모습을 보면서 우리가 예수님을 새롭게 조명하고 새로운 삶의 비결을 찾았으면 좋겠다. 예수님의 모습은 언제나 성공적인 삶의 모습을 보여준다.

하지만 예수님에 대한 체계적인 역사서나 신학서를 쓰지 않고 예수님의 다양한 모습을 그려보겠다고 결정을 내린 데는 신학적인 이유가 있다. 예수님의 이런 모습들을 보면 예수님을 손으로 잡을 수도 없고 우리가 만들어 내는 개념의 틀 안에 예수님을 집어넣을 수도 없다는 사실을 알게 된다. 그렇다고 우리가 간추려 뽑은 예수님의 모습이 근거 없이 날조된 것이 아니다. 모두가 역사적인 인물인 예수님을 친근하게 느끼게 해 주는 모습들이다. 예수님은 과거 역사에 실재했던 인물이다. 복음사가들의 증언을 통해 그분의 삶과 행적을 다시 엮어볼 수 있다. 그리스 출신의 루가 복음사가는 이미 90년에 예수님의 삶을 역사적 측면에서 살펴보았다. 그는 예수께서 역사를 변화시키셨다는 사실을 중요시했다. 갈릴래아 지방 나자렛에서 시작된 운동이 유다교의 성도 예루살렘을 거쳐 전 세계로, 로마 제국의 수도인 로마에까지 확산되었다. 이 운동은 오늘날까지도 지속되고 있으며 어떤 사건도 이 운동만큼 역사를 바꾸지는 못했으리라.

기원전 7년부터 기원후 30년까지: 나자렛 예수, 역사적 사건
예수님의 역사에 관심 있는 신학자들이 많다. 그런데 이 신학자들은 복음서를 토대로 초기 그리스도교 공동체의 모습을 밝히는 데 한계가 있다고 보고 있다. 이스라엘에 살면서 매일 현지 생활을 체험하고 있는 학자들은 예수님에 대한 새로운 역사적 사실을 우리에게 전해 준다.

예수님은 기원전 6~7년경에 태어나 갈릴래아 지방 인구 100~150명 정도의 작은 마을 나자렛에서 어린 시절을 보내셨다. 28년 1월경 예수님은 요르단 지방으로 가셨을 것이다. 그곳에서는 26년경부터 세례자 요한이 사람들에게 세례를 주고 있었다. 예수님은 28년 3월부터 가파르나움에 머무시면서 공생활을 시작하셨다. 28년 11월 세례자 요한이 체포되었다. 이때부터 예수님은 복음을 전하시기 시작했다. 29년 3월, 세례자 요한이 처형된다. 예수님은 주로 갈릴래아에서 활동하셨지만 매년 과월절을 쇠러 예루살렘으로 가셨다. 예루살렘 성전에서 복음을 전하셨으며 성전 마당에서 물건을 파는 상인들을 밖으로 내쫓으셨다. 그리고 이 일 때문에 성전에서 장사를 하던 사두가이들의 반발을 사게 되었다. 30년 4월 7일, 예수님은 로마인들에게 십자가형을 당하시고 과월절 전날 저녁 돌아가셨다. 그러자 제자들은 갈릴래아 지방으로 피신했다. 예수님은 갈릴래아에서 제자들에게 여러 차례 나타나셨다.

율법 수호자·빛의 후예·테러리스트: 서기 원년의 이스라엘

예수님 당시 이스라엘에는 네 개의 유파가 있었다. 사두가이들은 귀족이자 제관이었다. 이들은 성전의 예식을 수행하면서 부활을 믿지 않았다. 이들은 로마인들과 호의적인 관계를 유지하면서 로마인들이 성전 제사를 보호해 주기를 기대했다. 이들은 로마인들에게 예수님을 잡아서 넘길 만큼 예수님을 적대시했다. 오늘날로 말하면 오로지 경제적 이권에만 관심을 갖고 정치와 종교 분야의 안정을 해치는 사람들을 탄압하는 사람들이 바로 사두가이다.

바리사이들은 가장 큰 유파였다. 이들은 율법 규정을 추가로 만들어 하느님께서 이스라엘 백성에게 선사해 주신 율법을 어떻게든 보존하겠다는 생각을 가지고 있었다. 예수님은 바리사이들과 많은 토론을 하셨다. 그리고 바리사이들을 멀리하지는 않았지만 대다수의 바리사이들보다 훨씬 더 융통성 있고 자유롭게 율법을 해석하셨다. 예수께서 탄식하시며 바리사이들을 비난하시는 성서 구절에는 대부분, 특히 마태오 복음의 경우 아마 복음사가들의 생각이 많이 반영된 것으로 볼 수 있다. 70년 로마인들이 예루살렘을 파괴하자 바리사이들은 얌니아 회의에서 그리스도인들을 회당에서 추방하기로 결의한다. 이 일이 있고 나서부터 그리스도교 공동체에서는 바리사이들에 대해 적대감을 가지게 된다. 예수님은 바리사이들과 상당히 우호적인 관계를 맺고 계셨다. 근본적으로 바리사이들은 하느님의 뜻대로 살려고 노력하는 경건한 사람들이었다. 그들은 로마의 치하에서 고초를 겪으면서 하느님의 섭리라고 생각하며 견디어내고 있었다. 바리사이들은 오늘날로 이야기하자면 종교에 관심을 가지고 전통을 고수하며 세속화된 세계에서 경건하게 살려고 노력하는 사람들이라고 볼 수 있다. 예수님은 바리사이들을 존중하셨다. 하지만 바리사이들이 율법의 노예가 되어 율법을 인간의 자유로운 삶을 원하시는 하느님의 뜻에 따라 해석하지 않고 문자에 얽매여 전전긍긍할 때에는 예수께서도 분명하게 선을 그으셨다.

셋째 유파는 에세네파이다. 원래 제관이었던 이들은 기원전 2세기 중엽 성전 직무를 그만두고 사막으로 들어갔다. 그들은 성전 예식이 불결하다고 생각하여 성전에서 예식을 행하지 않고 자신들의 죄가 씻어지기를 바라면서 나름대로 정화 예식을 치렀다. 에세네파 사람들 중에는 결혼한 사람들도 있었고 결혼하지 않은 사람들도 있었다. 다마스커스 부근의 예루살렘 남서쪽 구릉, 오늘날의 시온 지방에 쿰란이란 곳이 있는데 이곳에 오늘날의 수도원과 비슷한 형태의 공동체가 있었다. 세례자 요한도 원래는 에세네파였는데 따로 떨어져 나와서 독자적인 활동을 했다. 초기 그리스도인들은 대부분이 에세네파의 운동에 참여한 사람들이었다. 어떤 신학자들은 예수님의 마지막 만찬 장소가 에세네파의 사랑방이었다고 말하기도 한다. 성령께서 사람들에게 내려오신 사건도 에세네파 사람들이 사는 곳에서 벌어졌다. 예수님은 한번도 에세네파 사람들을 비난하시지 않았다. 에세네파 사람들과 그저 몇 차례 의견을 달리하셨을 뿐이다. 「약은 청지기 비유」에서 예수께서 "이 세상의 아들들이 자기네끼리는 빛의 아들들보다 슬기롭다"(루가 16,8)고 말씀하신 것이 그 예이다. "빛의 아들들"은 에세네파 사람들을 두고 하신 말씀이었다. 에세네파는 자신들만 따로 모여서 경건하게 살았다. 하지만 규범을 위반하면 가차 없이 쫓아냈다. 예수님은 사람들을 배척하지 말고 집으로 맞아들이라고 제자들에게 가르치셨다.

넷째 유파는 열혈당원들이었다. 이 사람들은 테러리스트였다. 그들은 단검을 차고 다니면서 로마인들을 살해하기 때문에 때로 자객이라고 불리기도 한다. 열혈당원들은 로마에 대한 무력 투쟁을 주장하며 테러 활동을 했다. 루가 복음사가는 "열혈당원이라 불리는 시몬"(루가 6,15)이란 말을 한다. 그리고 천둥의 아들 요한과 야고보도 아마 열혈당원 출신이었을 것이다. 이스가리옷이라는 유다의 별명이

'자객', '검객'이었던 것으로 보아 열혈당원 중 한 사람이었을 것이다. 이렇듯 예수님은 당시 유다의 네 유파 사람들과 모두 관계를 맺고 계셨다. 그러나 어느 특정 유파에 기울지 않고 독자적인 길을 가셨다.

내 삶에 던지는 의미: 예수의 이런 모습 어떻게 이해할까

우리가 선택한 예수님의 50가지 모습에는 나자렛 출신으로 기원전 7년부터 기원후 30년까지 사시다가 십자가에서 돌아가시고 묻히시고 부활하신 예수님에 관한 모든 사실이 담겨 있다. 이런 모습을 통해 우리는 2,000년 전에 사셨던 예수님을 보면서 그분을 중심으로 삶을 새롭게 이해하고 이전과 다르게 살게 될 것이다. 예수님의 모습을 보면서 우리는 일상의 갈등, 직업 문제, 가족 문제, 불안과 걱정, 희망과 기쁨을 그분과 함께 바라보면서 대처해 나갈 것이다. 예수님의 모습은 성공적인 삶의 모습이다. 그분의 모습들을 보면 우리가 웅크리고 숨어 지내던 곳의 창문이 활짝 열릴 것이다. 또한 정말 옹졸하기 짝이 없는 우리의 삶과, 이웃과 담을 쌓고 사는 우리 모습, 늘 자기 자신만 생각하는 모습에서 벗어나 더 넓은 시야를 얻게 될 것이다.

예수님의 50가지 모습을 한번에 읽기는 좀 어려울 것입니다. 매일 혹은 매주 한 가지 모습을 묵상하고 그 모습을 생각하면 좋겠습니다. 그러면 예수께서 여러분의 마음속에 새로운 지평을 열어 주시어 사람다운 삶, 하느님과 만날 수 있는 새로운 길로 여러분을 이끌어 주심을 느낄 수 있을 것입니다.

예수님의 어떤 모습은 마음에 와 닿겠지만 개중에는 별 설득력이 없는 모습도 있을 것입니다. 모든 사람들이 예수님의 모습을 전부 이해하고 마음에 받아들일 수는 없을 겁니다. 예수님의 모습을 보면서 여러분들이 예수님의 모든 면을 알게 되고 그분의 위치에서 자신의 삶을 바라볼 수 있었으면 좋겠습니다. 예수님의 50가지 모습을 보면 어쩐지 마음이 편하지 않고 안절부절못하게 되고 강한 자극을 받는데, 그렇다면 어떻게 해야 나의 삶이 성공적인 삶이 될 수 있을지 예수님의 모습에 비추어 여러분의 삶을 되돌아볼 수 있도록 몇 가지 문제를 마지막 부분에 제시할 겁니다. 어떤 문제는 정말 곰곰이 생각해 보아야 할 것입니다. 그리고 제가 추천하는 대로 수련하시면 어느덧 예수께서 여러분의 삶을 이끌어 변화시키실 것입니다.

그리고 책 뒷부분에 예수께서 저에게 어떤 의미가 있는지, 제가 예수 그리스도와 관계를 맺으며 어떻게 살고 있는지 말씀드리겠습니다. 예수께서 저의 기도와 생각과 행동에 얼마나 영향을 주시는지, 나자렛 예수님을 구체적으로 어떻게 마음속에 모시고 사는지, 어떻게 예수님께 힘을 얻어 세상을 살아가는지, 예수님과 만나면서 어떻게 구원과 해방, 용기와 삶을 체험하는지, 예수께서 정말 얼마나 '나의 구세주'이신지도 말씀드리겠습니다.

사도 베드로의 말을 빌려 저는 이렇게 말하고 싶습니다. "주님, 모든 것을 주님은 아십니다. 제가 주님을 사랑하는 줄을 알고 계십니다"(요한 21,17).

50가지 예수 모습

1. 유다인 예수

지난 30년 동안 많은 유다인 작가들이 예수께서 그들과 같은 민족이라는 사실을 인식하게 되었다. 아울러 그리스도교 신학자들도 예수께서 유다인이었다는 사실에 주목하기 시작했다.

예수님은 여느 유다인과 똑같은 교육을 받으셨다. 유다인 학교에 다니시며 시편에 따라 기도하는 법을 배우시고 구약성서에 쓰인 유다의 역사를 공부하셨다. 유다인의 사고방식과 생활방식도 익히셨다. 그리고 성인이 되어서는 유다 여러 유파의 토론에 참여하셨다. 사고방식을 보면 예수님은 전형적인 유다인이셨다. 하지만 유다교의 여러 종파가 벌이는 토론에 참여하시어 하시는 말씀을 들어 보면 그분의 비범함이 드러난다.

예수님은 나자렛이라는 시골 마을 출신이지만 학교에서 배우는 지식에 비할 수 없는 폭넓은 사고력을 가지고 계셨다. 그분은 당신의 마음을 믿으셨다. 그래서 마음속으로 옳다고 생각하는 대로 율법을 해석하셨다. 그리고 당신 자신뿐 아니라 다른 사람들을 위한 하느님의 뜻이 무엇인지 아신다고 생각하셨다.

신학자 빌헬름 브루너스는 『예수님은 어떻게 신앙을 배우셨을까?』라는 책에서 예수님이 유다교의 전통을 배우며 자라시고 유다교에서 신앙을 배우셨다고 말했다. 브루너스의 주장에 의하면 예수님의 어머니 마리아가 당시 이스라엘에 널리 퍼져 있던 묵시론의 영향을 많이 받았다고 한다. 마리아의 「마니피캇」에도 이런 묵시론의 영향을 받은 믿음이 담겨 있다. 묵시론은 하느님께서 곧 오실 것이라는 희망을 품고 있었다. 그리고 하느님께서 오시면 온 세상이 변하고 권력이 바뀌고 부자들이 망하고 굶주린 사람들이 배부르게 될 것이라고 믿었다. 예수님은 하느님께서 곧 오셔서 세상을 다스리시고 바꾸실 것이라는 믿음을 마리아에게 배우셨다. "하느님께서 계시다는 것을 생각해야 한다. 하느님은 주저하지 않으신다. 하느님은 곁에서 그저 구경만 하시는 분이 아니다. 그분은 이 세상에 직접 관여하신다."

마태오 복음사가는 요셉이 의로운 사람이었다고 말한다. 신학자 브루너스는 요셉이 하느님의 계명을 중시하는 바리사이였다고 말한다. 하지만 요셉은 율법을 맹목적으로 지키지는 않았다. 요셉은 정의, 즉 의로운 생활을 중요시하면서도 자애와 자비를 베풀 줄 아는 사람이었다. 요셉이 만일 옳고 그름만을 따지고, 율법만을 생각하는 사람이었더라면 자기 모르게 임신한 약혼녀 마리아를 고소해서 사형을 당하게 할 수도 있었을 것이다. 하지만 요셉은 율법을 따르지 않고 마리아의 처지를 생각하는 의로운 결정을 내렸다. 요셉이 내린 의로운 결정은 인간의 안녕과 행복을 위한 것이었다. 개개인의 처지를 이해하고 받아들이기 위해서는 가끔은 전통적으로 내려오는 율법 규정을 어기지 않을 수 없다. 예수님은 하느님의 율법을 자비롭게 해석하는 법을 아버지인 요셉에게서 배우셨다.

예수님은 종교 교육을 받으면서 당시 유다교의 여러 종파를 고루 접하셨다. 유다교를 연구하는 학자들은 예수님이 어느 정도 개방적인 바리사이 출신이셨을 것으로 추측한다. 예수님은 당시 유다교에서 주로 논의되는 내용을 익히 알고 계셨으며 율법을 비판적으로 연구하셨다. 또한 율법을 존중하셨지만 율법이 사람들의 처지에 맞지 않을 경우에는 율법에 얽매이지 않는 대범함을 보여주셨다. 예수님은 율법이 사람을 위해 존재하는 것이지 사람이 율법을 위해 존재해서는 안 된다는 확고한 믿음을 가지고 계셨다. 하느님께서 우리에게 주시는 모든 것은 우리가 올바르게 살고 서로 화목하게 지내는 데 유익하다. 그래야 사람들이 서로 함께 살아갈 수 있는 터가 마련된다.

예수님은 시편에 따라 기도를 바치시고 회당의 제사에도 참여하셨다. 그리고 신심 깊은 유다인으로서 예루살렘으로 순례를 가셔서 큰 축제에도 참가하셨다. 그곳에서 성전과 성전의 제사에서 느낄 수 있는 열광적인 분위기를 체험하셨다. 이런 영성 분위기에서 자라셨지만 당신 나름의 신앙심을 키워 나가셨다. 예수님은 하느님과 매우 친근한 관계이셨다. 당신의 하느님과 이렇듯 친밀한 관계를 이루시며 그전에 그 누구도 생각하지 못한 "압바" — 한국어로 '아빠' — 라는 다정한 말로 하느님을 부르셨으며 하느님에 대해서도 새롭게 말씀하셨다. 예수님은 당시 사람들이 흔히 생각하는 것과 다르게 하느님에 대해 말씀하시고 하느님의 모습을 제시해 주셨다. 사람들은 예수님의 말씀을 들으면서 그분의 말씀이 옳다는 생각과 함께 하느님을 가까이 느낄 수 있었다. "사람들은 그분 가르침에 무척 놀랐다. 율사들과는 달리 권위를 지닌 분으로서 가르치셨기 때문이다"(마르 1,22). 예수님은 하느님에 대해 율사들과는 다르게 말씀하셨다. 율사들은 올바른 용어로 정확하게 표현하지만 그 표현에는 감흥이 담겨 있지 않았다. 하느님 체험을 바탕으로 해서 하시는 예수님의 말씀은 자칫 멋대로 지어낸 이야기처럼 사람들에게 들렸을 수도 있다. "그렇습니다.

하느님은 이런 분이십니다. 사실입니다. 하느님은 저를 만나 주십니다. 이런 하느님을 저는 피할 수가 없습니다. 그분은 내 가슴의 열망을 채워 주십니다."

예수께서 유다교의 전통을 따르는 랍비였다는 사실을 알게 된다면 그분과 여러분의 관계는 어떻게 변할까요? 예수께서 시편에 따라 기도하시면서 하느님 체험과 인간 체험을 표현하셨다고 상상해 보세요. 그러면 예수님이 어떻게 느껴집니까? 어떤 마음으로 그분을 만납니까? 무의식 속에 혹시 유다교에 대해 반감을 가지고 있지는 않나요? 여러분의 신앙이 유다교에 뿌리를 두고 있다는 생각을 해 보셨나요?

구약성서를 꼼꼼히 읽어 보세요. 예를 들어 구약성서 첫머리에 나오는 창세기와 탈출기를 깊이 음미하며 읽어 보세요. 창세기와 탈출기에 대해 여러분은 어떻게 생각합니까? 그다지 경건한 모습을 볼 수 없어서 의아하다는 생각이 듭니까? 구약성서에는 영광과 좌절, 신뢰와 절망, 사랑과 증오, 전쟁과 평화 등이 적나라하게 묘사되어 있습니다. 그 때문에 거부감이 들지는 않습니까? 여러분은 하느님의 어두운 면을 볼 수 있는 용기가 있습니까?

2. 일탈자 예수

마르코 복음사가는 특이한 이야기를 하나 전해 준다. "예수께서 집으로 돌아오시니 군중이 다시 모여드는 바람에 일행은 먹을 겨를도 없을 지경이었다. 예수의 친척들은 소문을 듣고 그분을 붙들러 나섰다. 사실 그분이 미쳤다고들 말하고 있었다"(마르 3,20-21).

이 장면을 보면 예수님과 가족 간의 관계가 썩 좋지 않다는 것을 알 수 있다. 예수님의 가족은 예수님이 정신이 나갔다고 생각하고 강제로 그분을 집으로 데려가려고 한다. 예수님이 집안 망신을 시키고 돌아다닌다고 생각한 것이다.

마르코 복음사가 이외에 다른 복음사가는 이 일을 이야기하지 않는다. 너무나 불미스런 일이라고 생각한 것이다. 하지만 이 이야기가 실제 사실인 것 같다. 예수께서 이렇게까지 가족들과 등을 돌리시게 된 까닭이 무엇인지 알려지지 않았지만 추측은 해 볼 수 있다. 어떤 성서학자들은 예수님의 가족이 바리사이에 가까웠다고 말한다. 그런데 예수님은 세상을 돌아다니시며 복음을 전하시고 기적을 베푸셨다. 말하자면 세례자 요한이 이끄는 다른 유다교의 유파에 속한 것이 문제의 발단이라고 말한다. 다른 성서학자들은 예수께서 집안의 맏아들로서 가장의 의무를 하지 않아서 집으로 끌려오시게 되었다고 말한다. 예수께서 세상을 돌아다니며 하느님 나라를 알리는 일을 그만두고 집에서 자신의 의무를 다해야 한다는 것이다. 가족들은 친분도 없는 남자들을 열두 명씩이나 데리고 다니면서 정작 자신들은 등한시하는 예수님의 태도가 아마 못마땅했을 것이다. 이렇게 옥신각신하는 가운데 예수님과 피를 나눈 가족과 예수님의 새 가족인 제자들 사이에 갈등이 빚어졌다는 것이다.

가족들과 이렇듯 멀어지게 되기까지 예수님은 적잖이 고민을 하셨다. 마르코 복음사가의 말에 의하면 예수님의 친척들은 예수님을 강제로 집으로 데려가지 않고 설득할 생각으로 한번 더 예수님을 찾아왔다고 한다. "이윽고 예수의 어머니와 형제들이 와서, 밖에서 그분을 불러내려고 사람을 들여보냈다"(마르 3,31). 하지만 예수님은 이에 응하시지 않는다. 그리고 함께 있는 사람들을 둘러보시며 이렇게 말씀하신다. "누가 내 어머니이며 내 형제들입니까?"(마르 3,33). 이 말씀을 들으면 가족뿐 아니라 어머니하고도 관계가 소원해졌음을 알 수 있다. 예수님께는 이제 새로운 가족이 생겼다. 하느님의 뜻을 이루고 예수님의 말씀을 따르고 하느님 나라를 받아들이는 사람들이 바로 새 가족인 것이다.

예수님만큼 철저하게 가족들과 연을 끊으라고 요구한 사람은 아마도 없을 것이다. 예수님을 따르겠다는 한 사람이 우선 아버지의 장례를 치르게 해 달라고 하자, 예수님은 이렇게 말씀하신다. "죽은 자들이 자기네 죽은 자들의 장사를 지내도록 내버려 두시오. 당신은 가서 하느님의 나라를 알리시오"(루가 9,60). 부모님을 섬겨야 하는 의무도 하느님 나라를 선포해야 하는 의무보다 시급하지는 않다는 말씀이다. 하느님의 나라는 가족들과 연을 끊어야 할 만큼 절실한 현실인 것이다.

예수님은 내 가족이 이해하든 말든, 내 친구들이 어떻게 생각하든 내가 나의 길을 갈 수 있도록 용기를 북돋아 주신다. 세상을 살다 보면 어느 정도 고독을 느낄 수밖에 없다. 예수님은 이런 고독을 두려워하지 말고 달게 받아들이라고 나에게 말씀하신다. 거기에는 나름대로 의미가 있다. 이렇듯 고독한 가운데 하느님의 신비와 하느님의 나라를 받아들일 수 있는 마음의 문이 열리게 되는 것이다.

"하느님 나라", 이 말은 "하느님께서 가까이 계시다. 하느님께서 다스리신다"는 뜻이다. 하느님께서 내 안에서 다스리시면 나는 정말 자유롭고, 하느님께서 내게 지어 주신, 내게 꼭 맞는 모습을 갖게 된다. 예수님은 나한테 정말 나의 길을 가 보라고 재촉하신다. 하느님께서 내게 허락하신 하나뿐인 이 길이 사람들의 동의를 구하는 것 보다 더 중요하다. 어떤 사람이든 나름대로 고유한 존재다. 이것이 예수께서 전하시는 말씀이다. 모든 인간은 자기만의 독특한 흔적을 이 세상에 남길 수 있다. 자신이 남긴 흔적을 정당화할 필요도 없고 설명할 필요도 없으며 가족들의 동의를 구할 필요도 없다. 그저 자신의 길을 묵묵히 가면서 자기 마음속에서 들려오는 하느님의 말씀대로 행동하기만 하면 된다.

여러분은 무슨 말을 할 때, 누군가를 만날 때, 어떤 결정을 내릴 때, 어떤 목소리에 귀를 기울입니까?

사회의 일탈자를 보면 여러분은 반응을 보입니까? 당황하나요? 아니면 거부반응을 보이거나 혐오감을 보입니까? 그런 사람들을 보면서 그동안 마음에 담고 있던 간절한 바람이 생각납니까? 사회인습에 얽매인 여러분의 삶이 덧없다는 느낌이 듭니까?

여러분은 자신의 길이라는 생각이 들면 그 길을 갈 마음의 준비가 되어 있습니까? 아니면 여러분의 가족, 친구, 주위의 모든 사람들이 여러분의 길을 인정해 주기를 바랍니까? 여러분의 의견과 행동방식이 여러분의 마음에서 우러나오는 것인지 아니면 무의식적으로 여러분의 부모님이나 주위 사람들의 눈치를 보면서 동의를 얻고 인정을 받는 데 신경을 쓰는 것은 아닌지 생각해 보기 바랍니다. 예수님을 따른다는 것은 내면의 목소리에 귀를 기울이고 여러분의 마음에서 울리는 나지막한 소리에 귀를 기울인다는 뜻입니다. 여러분이 내면의 목소리에 귀를 기울이고 그 목소리에 담긴 예수님의 목소리를 들으면 여러분은 자신과 일치를 이루고 아울러 하느님과 일치를 이루게 됩니다.

3. 나그네 예수

예수님은 어느 한곳에 머물러 사시지 않았다. 이곳에서 저곳으로 떠돌아다니셨다. 돌아갈 집도 없으셨다. "여우도 굴이 있고 하늘의 새도 보금자리가 있지만 인자는 머리 둘 곳조차 없다오"(루가 9,58). 루가 복음사가는 예수께서 나그네 같은 생활을 하셨다고 말한다. 예수님은 우리 인간의 심성이 하느님을 닮았다는 사실을 일깨워 주려고 하늘에서 내려오셔서 우리 인간과 함께 떠돌아다니시는 하느님의 나그네이시다. 그리고 그분은 가는 곳마다 사람들의 집에 들러 함께 음식을 드시고 기쁨을 함께 나누셨다. 그 기쁨은 사람들이 서로 마음의 문을 열고 서로 받아들이고 하느님께 사랑을 받고 있다는 사실을 깨달을 때 느끼는 기쁨이다.

나그네이신 예수님을 가만히 바라보면 그분에게서 자유와 힘이 느껴진다. 예수님은 고행을 하는 데 나그네 생활이 이상적이라고 말씀하시지 않았으며 나그네 생활을 어떤 이념으로 만드시지도 않았다. 그저 이스라엘을 두루 돌아다니셨다. 그리고 사람들을 만나고 말씀을 하셨다. 병자들이 찾아오거나 사람들이 고통스러워하는 모습을 보시면 병을 치유해 주셨다. 예수님은 선교 전략을 세우지 않았으며 대대적인 선교 행사도 개최하지 않으셨다. 그저 자유롭게 당신의 길을 가셨다. 마을마다 다니시며 사람들에게 하느님에 대해 말씀을 하시고 싶은 마음뿐이었다. "때가 차서 하느님의 나라가 다가왔습니다. 회개하고 복음을 믿으시오"(마르 1,15). 예수님은 성당 건립 계획을 세우지 않았으며 국가예산을 동결하는 계획이나 정치적 구상을 하시지 않았다. 그분은 내면의 자유를 누리고, 아무 거리낌 없이 삶의 기쁨을 누리면서 나그네처럼 돌아다니셨다. 누구를 만나든 항상 성의 있고 진지하게 대하셨으며 대화하는 그 순간에는 그 사람을 가장 귀하게 여기셨다. 그리고 열정적으로 복음을 전하시면서 대화하는 사람에게만 온 마음을 쏟으셨다. 예수께서 사람을 만나시는 모습을 보면 하느님이 가까이 계시다는 것을 느낄 수 있었으며 하느님을 눈으로 볼 수 있었다. 예수께서 사람들의 참된 모습을 보아 주셨기 때문에 그들은 가까이 계시는 하느님을 볼 수 있는 눈을 뜨게 되었다. 예수님은 순수한 눈으로 세상의 현실을 보셨다. 자연의 아름다움에 감탄하시고 밭에서 일하는 농민들의 모습을 보셨다. 현실을 있는 그대로 보셨다. 세상 만물 속에 깃든 하느님의 섭리와 아름다움을 보셨다. 그리고 세상 만물을 다스리시는 하느님을 보라고 사람들에게 가르치셨다.

예수님의 가족과 당시 유다 사회에서 자유로운 나그네이신 예수님을 눈엣가시로 본 것은 그리 놀랄 일이 아니다. 예수님은 앞으로 살 일을 걱정하지 않으셨다. 가정을 꾸리지 않았으며 출세할 생각도 없으셨다. 그분은 그저 떠돌아다니셨다. 떠돌아다니며 근심 걱정 없는 생활을 하라고 사람들에게 가르치셨다. "목숨을 위해 무엇을 먹을까 혹은 무엇을 마실까, 또 몸을 위해 무엇을 입을까 걱정하지 마시오"(마태 6,25). 그리고 하늘의 새와 들판의 백합꽃을 보라고, 새들은 먹을 것이 넉넉하고 백합꽃은 온갖 영화를 누린 솔로몬보다도 아름답다고 말씀하셨다.

나는 아무런 근심 걱정 없이 세상을 돌아다니시는 예수님을 보노라면 하느님께서 어떤 분이신지 느껴진다. 하느님에 대해 말씀하시지 않아도 정말 그분이 어떤 분인지 알 것 같다. 같은 지역 사람들만을 염두에 두면서 가르치는 유다교의 랍비들은 정말 꿈조차 꾸지 못한 그런 내면적 자유를 예수님은 누리고 계셨으며 그런 예수님의 모습을 보면 하느님의 모습이 느껴진다. 하느님은 근심 걱정 없이 우리를 해방시키는 분이시다. 그리스도교의 역사에서 나그네이신 예수님을 본받은 수도자들이 많이 있었다. 이 수도자들은 한곳에 머물러 살지 않고 평생 방랑을 했다. 그들은 근심 걱정 없이 자유를 누리며 하느님을 체험하기 위해, '그리스도 때문에' 떠돌아다녔다.

수도원에서 재정을 담당하고 있는 나는 수도원에서 월급을 받으며 일하는 사람들을 관리하고 수도원의 살림을 꾸려 나가야 한다. 내가 맡고 있는 소임은 하느님의 나그네이신 예수께서 몸소 생활하시며 가르치신 걱정 없는 생활과 정반대인 것 같다. 그렇지만 나는 예수님께 강한 매력을 느낀다. 나는 휴가 중에 나그네처럼 길을 걸으며 예수님의 자유를 느낀다. 한참 일을 하고 있을 때에도 예수께서 나그네살이를 하시며 느끼셨던 그 자유를 나도 느낄 수 있다. 나는 이곳에 머무를 거처가 없다. 아무리 걱정을 한다 해도 나의 생명을 연장할 수 없다. 아무리 안전한 조치를 취해도 생명을 얻을 수 없다. 생명은 다른 곳에서 찾아야 한다. 자유와 근심 걱정 없는 마음과 계속 나아가는 생활에서 찾아야 한다. 머물지 않고 가는 사람만이 생기를 유지한다.

나의 삶은 내면의 길이며 끝없는 방랑이다. 나는 편히 쉴 수가 없다. 예수께서 마음속으로 그렇게 느끼셨듯이 나도 내 길을 가야 한다. "그러나 오늘도 내일도 그 다음날도 나는 내 길을 가야 한다"(루가 13,33).

교회사를 되돌아볼 때 아시시의 프란치스코 성인만큼 예수님의 근심 없는 방랑생활을 철저하게 본받은 사람은 없을 것이다. 프란치스코 성인은 자신이 가지고 있는 것을 모두 포기했다. 벌거벗은 채 자유롭게 세상에 나가 돌아다니기 위해 자기 아버지 앞에서 옷을 모두 벗어버렸다. 방랑생활에서 느끼는 자유는 그의 마음에 넘치는 기쁨을 주었다. 그는 새들에게도 하느님의 말씀을 전했다. 걱정 없이 생활하는 그는 매일 양식을 하느님께서 주신다고 믿는 새들을 닮았다. 프란치스코 성인의 삶을 통해 예수님의 모습을 새롭게 볼 수 있다. 그의 모습에서 자유로우시며 우리를 사랑하시는 예수님의 모습을 보게 된다.

오늘 의식적으로 걸으면서 한번 상상해 보기 바랍니다. 여러분은 이제 자유롭게 아무런 근심 없이 길을 걸어갑니다. 계속해서 쉬지 않고 걸어갑니다. 멈추어 서지 않고 한 걸음씩 걸을 때마다 여러분이 변합니다. 그때 자신에게 물어보세요. "나는 지금 어디에 눌러앉아 있는가? 나는 어디에 머무를 곳을 꾸며 놓았나? 무엇에 집착하고 무엇에 매여 있는가? 무엇이 나의 내적·외적 자유를 빼앗는가? 나는 걱정에 휩싸여 있는가 아니면 신뢰에 차 있는가? 나의 길에서 주로 느끼는 감정은 무엇인가? 불안인가 신뢰인가? 걱정인가 확신인가? 나의 안정을 추구하고 있는가? 아니면 나의 길을 떠나는가?" 길을 떠나 걷는 것을 즐겨 보세요! 자연의 아름다움을 느끼고 여러분의 가슴에 귀 기울여 보세요! 아마 기쁨에 넘쳐서 한달음에 길을 가게 될 겁니다!

4. 권력 거부자 예수

예수님은 모든 권력을 거부하셨다. 예수께서 하느님의 권능을 가지고 복음을 선포하셨기에 그분의 말씀을 듣는 사람들에게 권력을 행사하셨다고 말할 수 있다. 하지만 그분은 종교집단의 교주처럼 행세하며 이 권력을 남용하지는 않으셨다. 오로지 사람들의 마음을 사로잡으며 당신을 따르도록 하셨다. 남자들뿐 아니라 여자들도 예수님께 매료되어 그분을 따랐다. 그러나 정작 그분은 공동체를 만들어 그 위에 군림하겠다는 욕심이 전혀 없으셨다.

예수님은 바리사이 랍비나 율사 혹은 제관과 같은 당시 유다교의 지도자가 되겠다는 욕심이 없으셨다. 또한 정치권력도 마다하셨다. 정치적 운동의 선봉에 서시는 것을 원하지 않으셨다. 열혈당원들은 아마 예수께서 그렇게 하시기를 바랐을 것이다.

　예수님은 칼과 몽둥이를 들고 온 사람들에게 잡히셨을 때도 폭력을 사용하지 않으셨다. 베드로가 칼을 빼서 대제관의 종의 귀를 베어버리자 폭력을 사용하지 말라고 말씀하셨다. "칼을 도로 꽂으시오. 칼을 잡는 자는 칼로 망하는 법입니다. 내가 내 아버지께 청할 수 없다고 생각합니까? 청하기만 하면 이제라도 열두 군단이 넘는 천사들을 내 곁에 세우실 것입니다"(마태 26,52-53). 마태오 복음사가는 예수님의 십자가 죽음이 그분의 비폭력, 비권력 정신을 상징한다고 말한다.

예수님은 당신이 가지고 계시는 하느님의 권능을 물리적인 힘으로 나타내실 뜻이 없으셨다.

예수님은 제자들을 대하실 때도 권력을 행사하시지 않았다. 한번도 권위를 내세우시지 않고 가슴에서 우러나오는 대로 진실하게 말씀하셨다. 제자들이 양심의 가책을 느끼도록 만들어서 어쩔 수 없이 당신에게 복종하게 만드시지는 않았다. 제자들이 예수님을 따랐던 것은 그분의 인격에 매료되었기 때문이다. 예수님은 제자들을 옭아매지 않고 자유를 주셨다. 많은 제자들이 그분의 가르침을 이해하지 못하고 등을 돌리자 예수님은 그들에게 물으셨다. "그대들도 떠나가고 싶습니까?"(요한 6,67). 그분은 제자들을 옆에 붙잡아 두시려고 그들이 듣고 싶어 하는 말만을 하시지는 않았다. 듣는 사람들이 받아들이든 받아들이지 않든 하느님의 뜻을 전하라는 부르심을 받으셨다고 믿었다. 또한 예수님은 어떤 조직을 만들어 수장이 되실 뜻이 없으셨다. 그분은 복음을 선포하고 인간을 구원하는 그분의 길을 묵묵히 가셨다.

나는 뒤돌아보지 않고 올곧게 자신의 길을 가시는 예수님의 모습에 감명을 받았다. 다른 사람에 대한 영향력을 이용해 보려는 유혹이 있다는 사실도 안다. 요즘에는 사회뿐만 아니라 교회에도 팬들을 거느리는 스타들이 많이 있다. 하지만 그런 스타들은 자기 팬들에게 발목을 잡힌다. 그래서 그들은 자유롭지 못하고 팬들이 듣고 싶어 하는 말만을 한다. 그런가 하면 스스로 교주가 되어 공동체를 권위적으로 다스리고 신도들에게 맹종을 강요하는 사람들도 있다. 그런 사람들 중에는 자신의 영적 능력을 악용하는 경우가 너무 흔하다. 그리고 도를 깨달았다고 주장하는 이런 교주들의 가르침을 문제 삼으면 저주를 받아 파멸하게 된다는 협박을 받는다. "네가 내 가르침을 받아들이지 않으면 어떤 꼴을 당하게 될지 보게 될 것이다."

예수님은 이 모든 유혹을 이겨내셨다. 예수께서 권력을 쓰지 않으셨기 때문에 아마 수천 년 동안 사람들에게 그렇게 많은 영향력을 행사하셨을 것이다. 이것이 바로 사람들의 마음을 사로잡는 예수님의 내면의 힘이다.

마틴 루터 킹 목사는 비폭력의 길을 가면서 예수님을 따랐다. 그 또한 예수님처럼 엄청난 정치적 영향력을 가지고 있었다. 그는 폭력을 쓰지 않았기 때문에 최첨단 무기로 무장한 군대의 통수권자 미국 대통령보다 더 큰 영향력을 가졌다. 마틴 루터 킹 목사는 자신을 억압하는 사람들에 맞서 시위를 하면서도 그런 그들을 사랑하라고 설교했다. 예수님처럼 폭력을 철저히 거부한 그는 결국 폭력의 희생자가 되었다. 그는 인종 분리 정책에 맞서 비폭력 투쟁을 벌이다 목숨을 잃었다. 마틴 루터 킹은 1968년 4월 4일 멤피스에서 한 백인 청년의 총에 맞아 사망했다.

여러분은 어디서 권력을 행사합니까? 같이 하던 일에서 빠지겠다고, 하던 일을 전부 그만두겠다고, 더 이상 같이 못하겠다고 으름장을 놓으면서 다른 사람에게 압력을 행사합니까? 다른 사람들을 움직여서 자신이 원하는 쪽으로 유도하는 그런 권력놀음을 벌입니까?

다른 사람들에게 어떤 식으로 권력을 행사하는지 찬찬히 살펴보세요. 여러분이 쓰는 말도 반성해 보세요. 권력의 냄새가 나는 말을 사용하지는 않는지, 다른 사람들이 양심의 가책을 느끼게 몰아세우지 않았는지, 다른 사람들을 을러대거나 협박하는 말을 하지는 않았는지, 궁지에 몰아넣거나 상

처 주는 말을 하지는 않았는지, 깎아내리고 끌어내리는 말을 하지는 않았는
지 되돌아보세요.

여러분의 행동과 말을 돌아보며 권력을 거부하신 예수님의 모습을 묵상
하며, 비폭력의 화신 나자렛 예수님을 모범으로 삼아 보세요.

5. 업적 거부자 예수

당시 이스라엘 랍비들은 제자들에게 엄격한 생활 규범을 제시했다. 그리고 하느님의 계명을 더욱 강화하고 율법을 더 엄격하게 준수하려고 서로 각축을 벌이는 경우가 허다했다. 랍비들은 사회와 정치 분야에서 공적을 쌓는 데는 관심이 없고 하느님 앞에서 어떻게 하면 공적을 쌓을까 하는 문제만 생각했다. 따라서 하느님의 뜻에 맞는 행동을 하고 정기적으로 단식을 하고 매일 규칙적으로 기도를 바치고 자선을 베풀고 자신이 한 일을 하느님 앞에 보여 드리는 사람이 경건한 사람이라고 생각했다.

직장과 가정에서 요즘 많은 사람들이 능력에 따라 대접을 받고 있다. 이렇듯 능력을 과시해서 자신의 가치를 인정받으려고 한다. 그런데 예수님은 이런 '능력 지상주의'를 단호하게 거부하시며 사람들에게 자신의 삶을 살라고 말씀하신다. 그리고 지금 있는 그대로의 모습대로 살아가라고 가르치신다. 꼭 능력을 보이지 않더라도 아무 조건 없이 사랑을 받고 있다는 사실을 알려 주신다. 죄수들과 가난한 사람들, 사회에서 멸시를 받고 권리를 박탈당한 사람, 아무런 능력을 보이지 못한 이런 사람들에게 예수님은 관심을 보이신다. 그런데 자신들이 쌓은 공적에 자부심을 느끼는 바리사이들은 이것을 몹시 못마땅하게 생각했다.

예수께서 어떤 식으로 업적 지상주의의 틀을 깨셨는지 잘 보여주는 두 비유가 있다. 그 중 하나가 「포도원 주인 비유」(마태 20,1-16)인데 많은 고용주들이 이 내용에 대해 불만을 나타낸다. 고용주들은 "이런 식으로 노동자를 다루고 작업 평가를 해서는 곤란하다"고 말한다. 예수님은 어느 포도원 주인에 대한 비유를 말씀하신다. 이 포도원 주인은 이른 새벽 포도밭에서 일할 일꾼들을 고용해서 즉시 포도밭으로 보낸다. 그리고 아홉 시, 열두 시, 오후 세 시 각각 일꾼들을 뽑아서 포도밭으로 보냈다. 더구나 작업시간이 끝나기 바로 전인 다섯 시에도 일꾼들을 뽑아서 포도밭으로 보냈다. 저녁때가 되어 포도원 주인이 맨 나중에 온 일꾼들에게 먼저 품삯 한 데나리온을 지불했다. 이른 새벽부터 와서 종일 일한 일꾼들은 더 많은 품삯을 받겠거니 하고 은근히 기대를 했다. 그러나 이 일꾼들도 미리 받기로 한 품삯 한 데나리온밖에 받지 못했다.

여기서는 어찌된 일인지 일한 만큼 받는다는 원칙이 완전히 무시되고 있다. "이와 같이 말째가 첫째가 되고 첫째가 말째가 될 것입니다"(마태 20,16). 중요한 것은 일과 품삯이 아니라 내가 일을 하면서 얼마나 성실했으며 사람들에게 신뢰감을 주었느냐 하는 사실이다. 예수님은 무위無爲를 두둔하지 않고 일이야말로 건전한 삶의 모습이라고 생각하셨다. 하지만 다른 사람들의 인정을 받으려고 일을 하는 것이 아니라는 사실을 일깨워 주셨다. 일을 통해서 자신의 존재를 입증하고 자부심을 가질 만한 일을 하는 것은 중요하지 않다. 삶의 멋은 나에게 주어진, 내가 하고 싶은 일을 하는 데 있다.

「잃었던 아들 비유」(루가 15,11-32)에서 자기 삶을 살겠다고 생각한 둘째 아들은 유산을 미리 받아 먼 나라로 떠난다. 당시 상황으로 볼 때 둘째 아들이 간 나라는 아마 그리스나 이탈리아였을 것이다. 그곳에서 그는 정말 삶을 마음껏 즐기고 싶었다. 하지만 얼마 못 가서 가진 돈을 전부 날려 버렸다. 먹고 살아볼 생각으로 시골에 가서 어떤 사람에게 일을 하게 해 달라고 사정을 한다. 그러자 그 사람은 그에게 농장에서 돼지 치는 일을 시킨다. 당시 유다인들은 돼지를 불결한 동물로 생각했기 때문에 돼지 치는 일은 굴욕적인 일이었다. 사정은 더더욱 나빠졌다. 둘째 아들은 결국 집에 계신 아버지에게 돌아갈 결심을 한다. 아버지 집에서 일하는 품꾼들이 낯선 땅에서 돼지치기를 하는 자기 신세보다 낫다고 생각한다. 아버지는 이렇게 돌아온 아들을 반갑게 맞으며 잔치를 베푼다. 죽은 줄만 알았던 아들이 살아서 돌아오고, 방황하던 아들이 비로소 마음을 잡은 것이다. 하지만 매일같이 자기 의무를 다하는 맏아들은 잔치가 열린 것을 보고 화를 낸다. 화를 냈다는 것은 그가 지금까지 자기가 좋아서 일을 한 것이 아니고 보수를 바라고 인정을 받고 싶어서 일을 했다는 것이다. 맏아들은 아버지에게 불평을 털어놓는다. "보십시오, 저는 여러 해를 두고 아버지를 섬기며 아버지의 명을 어긴 적이 없습니다. 그런데도 제게는 벗들과 함께 즐기라고 염소새끼 한 마리 주신 적이 없습니다"(루가 15,29). 맏아들은 일을 하면서도 무언가 꿍꿍이속이 있었다. 일을 해서 아버지의 관심과 사랑을 얻고자 했던 것이다.

　예수님은 이 비유를 통해 하느님의 사랑을 받기 위해 공덕을 쌓을 필요가 없다는 가르침을 주신다. 하느님의 사랑은 이미 있다. 하느님은 무슨 일이 벌어지든 언제든지 우리를 받아들여 주신다. 하느님은 당신의 사랑에 어떤 조건을 제시하시지 않는다. 물론 공적이나 아부를 바라시지 않는다. 누군가가 자신을 아무런 조건 없이 받아들이고

있다고 생각하는 사람은 자유롭게 무언가를 할 수 있고 능력을 인정
받아야 한다는 압박감을 가지지 않는다. 일이 그냥 재미있어서, 자연
스럽게 마음에서 우러나와서 일을 한다.

예수님은 무언가를 꼭 해야 한다는 생각 없이 자유로우셨다. 이런
자유를 누리셨기에 도리어 많은 일을 하실 수 있었다. 삼 년간의 공
생활 동안 수많은 사람들을 만나고 병든 사람들을 치유해 주셨다. 당
시 예수께서 일으키신 운동은 지금까지도 계속되고 있으며, 이 운동
에 동참하는 많은 사람들이 보다 나은 세상을 만들고자 노력하고 있
다. 예수께서 공적을 세워 사람들에게 인정을 받아야겠다는 생각 없
이 자유로우셨기에 비유로 말씀하신 것처럼 백 배의 결실을 얻을 수
있었다. 백 배의 결실을 얻을 수 있었던 것은 공적 때문이 아니라 믿
음 때문이다. 믿음 때문에 나를 짓누르는 억압에서 벗어날 수 있다.
그리고 내 안에 내면의 샘이 솟는다. 내면의 샘에서 솟아오른 힘이
세상에 흘러들어도 나는 힘이 빠지거나 진이 빠지지 않는다. 공적을
쌓아 그 덕을 볼 생각을 하지 않으니 도도한 강물처럼 삶이 내 안에
흘러 들어와 창의성과 상상력을 꽃피우고 위대한 일을 해낼 수 있게
한다.

여러분은 무엇으로 삽니까? 여러분은 자신의 공적으로 자신을 평가하
나요? 여러분은 다른 사람들에게 그리고 하느님께도 능력을 발휘해서 인정
받아야겠다는 생각을 합니까? 어떤 일을 할 때, 다른 사람들을 위해 봉사할
때, 직장에서 근무하거나 운동을 할 때, 학교에서 공부하거나 신앙 활동을
할 때 여러분이 행동하는 동기는 무엇인가요? 여러분의 내면의 샘에서 일이
솟구쳐 흘러 나오나요? 일을 하시고 싶은 마음이 있나요? 아니면 「잃었던

아들 비유」에 나오는 둘째 아들처럼 여러분 내면의 진실을 외면하고 일을
한다는 핑계로 도망가나요?

6. 여성의 벗 예수

마르코 복음사가는 예수께서 십자가형을 받을 때 남자 제자들이 모두 도망을 갔다는 사실을 우리에게 전해 준다. "여자들도 멀리서 바라보고 있었는데 그 가운데 막달라 여자 마리아, 작은 야고보와 요세의 어머니 마리아, 그리고 살로메가 있었다. 예수께서 갈릴래아에 계실 때에 그분을 따르면서 시중들던 여자들이었다. 그분과 함께 예루살렘에 올라온 다른 여자들도 많이 있었다"(마르 15,40-41).

마르코 복음사가는 여자들도 남자 제자들처럼 예수님을 따랐다고 말한다. 여자들도 남자들과 마찬가지로 예수님의 제자였다. 당시로서는 정말 새로운 일이었다. 예수님의 제자단 중에서 남자들과 여자들은 동등한 권리를 가지고 있었다. 예수께서 어떻게 하셨기에 남자들뿐 아니라 여자들도 그분 주위에 몰려들었을까? 분명 그분은 여자들을 대하시는 데 거리낌이 없으셨다. 예수께서 십자가에 달리셨을 때 꿋꿋이 자리를 지켰던 사람은 다름 아닌 여자들이었다고 네 복음서는 전한다. 로마 군인들이 십자가에 달리신 예수님 주위에서 눈물을 흘리는 가족이나 친구들을 닥치는 대로 잡아 십자가에 못박던 상황이었으니 그건 정말 대단한 일이었다. 로마인들은 십자가 주위에 동조자들이 모여드는 것을 용납하지 않았다. 남자들이 주도하는 교회의 입장에서 볼 때, 부활하신 예수께서 여자들에게 처음으로 나타나셨다는 사실은 자존심 상하는 일이었을 것이다. 게다가 여자들은 제자들에게 부활의 복음을 전해 주었다.

그리스 사람이었던 루가 복음사가는 예수님과 여자들의 관계에 특별한 관심을 보인다. 그는 예수께서 복음을 선포하러 다니실 때 열두 제자만 있었던 게 아니라고 말한다. "그리고 악령에서 벗어나 질병에서 낫게 된 여자들도 더러 있었는데, 곧 일곱 귀신이 쫓겨난 바 있는 막달라 여자라는 마리아, 헤로데의 신하 쿠자의 아내인 요안나, 그리고 수산나, 그밖의 여러 여자들이었다. 그들은 자기네 재물로 예수 일행을 시중들고 있었다"(루가 8,2-3). 예수께서 복음을 전하러 다니실 때 늘 여자들이 곁에 있었으며 그 여자들과 개인적 친분이 있으셨다. 그분은 그 여자들의 병을 치유하고 감화시켰으며 격려하고 악령을 쫓아 주셨다. 그 여자들은 말하자면 삶의 질곡이 있는 사람들, 스스로 존엄성을 느끼지 못하고 자신을 탓하는 사람들이었다. 예수님은 그들이 여자로서 자신의 존엄성을 다시 찾을 수 있도록 도와주셨다. 그런데 이 여자들은 그저 도움을 받기만 한 것이 아니고 나름대로 예수님께 보답을 했다. 가지고 있는 재물로 예수님을 뒷바라지하기도 하고 자신의 능력대로, 내적인 재능과 외적인 재능을 모두 다해 예수님께 시중을 들었다. 그리스어로 "시중을 들다"라는 말은 원래 식탁에서 시중을 든다는 뜻이다. 여자들은 식탁에서 시중을 들고 일상생활의 궂은일을 하고 예수님과 제자들의 마음에 활기를 불어넣었다. 그리고 예수님과 제자들의 숙소를 마련하기도 했다.

마리아와 마르타는 예수님을 자기 집에 모신다(루가 10,38-42 참조). 그런데 마리아는 예수님의 발치에 앉아 있기만 한다. 이 자세는 제자단의 전형적인 모습이다. "가믈리엘 문하에서 우리 조상의 율법에 관해 엄격한 교육을 받았다"(사도 22,3)고 말하는 사도 바울로의 자세도 이와 비슷하다. 따라서 여자는 동등한 권리를 가진 예수님의 제자이다. 마르타가 식탁에서 예수님과 제자들의 시중을 들고 있는 동안 마리아는 그냥 앉아서 예수님의 말씀을 듣고 있다. 그러자 마리아의 태도를 못마땅하게 생각한 마르타는 여동생이 자기 일을 돕도록 타이르라고 예수께 부탁한다. 하지만 예수님은 마리아를 두둔하신다. 마리아는 좋은 몫을 택했으니 이를 빼앗아서는 안 된다고 말씀하신다. 루가 복음사가가 마르타를 묘사하는 장면을 보면 예수께서 얼마나 스스럼없이 여자들을 대하셨는지 알 수 있다. 예수님은 마르타의 융숭한 대접을 기꺼이 받으신다. 그러면서도 그녀를 제자로 생각하며 배려하신다. 마리아에게는 당신께서 마음에 담아둔 말씀을 하신다. 두 자매가 다투는 모습을 보시고 어느 한 사람의 마음을 아프게 하는 말씀을 삼가며 어느 한 사람만 일방적으로 두둔하지 않으신다. 예수님은 분명한 입장을 밝히면서도 두 자매의 의견을 모두 존중해 주신다.

루가 복음 중에 예수님과 여자들의 관계를 보다 더 이해할 수 있게 해 주는 장면이 또 있다. 무덤에 나타난 천사들은 부활의 첫 증인이 된 여자들에게 말한다. "그분이 전에 갈릴래아에 계실 적에 말씀하신 것을 상기하시오"(루가 24,6). 천사들은 이 여자들이 부활의 증인일 뿐만 아니라 예수께서 살아 계실 때 하신 말씀에 대한 증인이라고 생각한다.

예수님은 남자 제자들뿐 아니라 여자 제자들도 가르치셨다. 여자 제자들도 예수님의 가르침을 증언하는 데 남자들과 동등한 권리를 가지고 있다. 여자 제자들은 그분의 말씀을 받아 전한다. 그분의 말씀을 기억하며 마음에 새기어 둔다. 마리아처럼 여자 제자들도 그분 말씀의 깊은 뜻을 음미하기 위해 마음속에 깊이 담아둔다. 예수님의 복음을 해석하는 일은 남자들뿐만 아니라 여자들도 똑같이 한다. 루가 복음사가는 남자가 주인공으로 등장하는 비유 이야기 다음에는 여자가 주인공인 비유 이야기가 나오도록 배려했다. 말하자면 '남자들의 비유 이야기'와 '여자들의 비유 이야기'가 서로 대비를 이루고 있다. 루가 복음사가는 하느님과 인간에 대해 올바르게 이야기하려면 당연히 남자의 관점뿐 아니라 여자의 관점에서도 이야기해야 한다고 생각했다. 안타깝게도 교회는 이 점을 배우지 못했다. 너무 오랫동안 남자들만 예수님의 복음을 해석해 오고 있다.

예수님과 가장 깊은 우정을 나눈 여성은 막달라 여자 마리아이다. 마리아 막달라는 예수께서 일곱 귀신을 쫓아내 준 여자였다. 예수님은 그야말로 목숨을 구해 준 은인이었다. 그런 예수께서 돌아가시자 그녀는 하늘이 무너지는 것 같았다. 그러나 죽음마저도 그녀의 사랑을 막지는 못했다. 부활하신 예수님과의 만남은 한 편의 사랑 이야기다. 요한 복음사가는 구약성서 아가서의 표현을 빌려 막달라 마리아가 새벽에 일어나 주님을 찾아 나서는 장면을 묘사한다. 아가서에 이런 구절이 있다. "나는 잠자리에서 밤새도록 내가 사랑하는 이를 찾아다녔네. 그이를 찾으려 하였건만 찾아내지 못하였다네"(아가 3,1). 요한 복음사가는 이렇게 전한다. "주간 첫날, 아직 이른 아침에 막달라 여자 마리아가 무덤으로 가서 보니, 무덤에서 돌이 이미 치워져 있었다"(요한 20,1). 그녀는 자신의 영혼을 사랑하신 예수님을 찾지 못했다. 무덤이 비어 있었다. 그러나 그녀는 단념하지 않는다. 사람들이 주님의 시신을 무덤에서 **빼돌려** 어디에 모셨을 거라고 말하며 세 번씩이나 하소연한다. 그녀는 결국 동산지기에게 다시 사정을 한다. 그런데 동산지기인 줄 알았던 사람은 다름 아닌 예수님이셨다. 예수께서 막달라 마리아에게 "마리아" 하고 부르시자 그녀는 말할 수 없이 기뻐하며 감격한다. 돌아선 그녀는 전혀 다른 사람으로 변해서 예수님께 "랍부니!"(요한 20,16)라고 말한다. 예수님께 대한 사랑이 "랍부니(선생님)"라는 말 속에 담겨 있다. 예수님은 많은 사람들이 존경하는 스승일 뿐만 아니라 막달라 마리아가 사무치게 흠모하는 그녀의 주님이셨다. 막달라 마리아는 홀로 예수님을 사랑하려고 한다. 그래서 사랑의 노래인 아가의 시구를 읊는다. "나 그이를 붙잡고 놓지 않았네"(아가 3,4). 예수님은 당신 옷깃을 잡을 수 있게 하시지만 그 이상은 허락하시지 않는다. "내가 아직 아버지께로 올라가지 않았으니 나를 만지지 마시오"(요한 20,17). 예수님은 막달라 마리아의 친구이셨다. 그러나 그분의 사명은 아직 끝나지 않았다. 그분은 아버지께 올라가셔야 한다. 그곳에서 제자들에게 다시 오실 것이다. 그리고 막달라 마리아의 가슴속에도 살아 계실 것이다. 그분은 죽음 너머 저편에서도 당신의 우정을 계속 이어 가실 것이다.

그리스도교의 역사를 보면 예수님을 흠모한 여성들이 많았다. 아빌라의 데레사 성녀는 여성에 대한 시선이 곱지 않았던 남성 위주의 교회에서 여성으로서 여성의 벗이신 예수님께 다가갔다. 힐데가르트 폰 빙엔 성녀는 성직을 수행하는 남성들을 꾸짖을 만큼 용기 있는 여성이었다. 그녀는 편협한 주교의 지시를 거역하며 교회에서 파문당한 사람의 묫자리를 교회묘지에 쓰게 했다.

까? 이 여자들이 이해하고 받아들이는 예수님의 모습 중에 공교회에서 소홀히 했던 모습은 무엇입니까?

여자로서 예수님과의 우정을 어떻게 생각합니까? 예수께서 자신을 존중하시고 진지하게 대해 주신다는 느낌을 받습니까? 여자들이 어떤 면에서 여러분에게 새로운 깨달음을 주었습니까? 어떤 면에서 이 여성들이 당신의 마음속에 새로운 생명력을 불어넣었습니까?

7. 친구 사귐이 예수

루가 복음사가와 요한 복음사가는 벗을 사귈 줄 알고 벗들을 주위에 불러 모으시는 예수님의 인간적인 모습을 전해 준다. 루가 복음을 보면 예수께서 제자들을 친구라고 부르신다. "나의 벗들에게 말하거니와, 육신은 죽여도 더는 어떻게 하지 못하는 자들을 겁내지 마시오" (루가 12,4).

그리스 사람들은 우정을 귀한 재산이라고 생각했다. 그래서 그리스 사람인 루가 복음사가도 예수께서 벗을 사귀는 모습에 각별한 관심을 보인다. 그리스도교의 초기 공동체를 루가 복음사가는 그리스식 우정동맹으로 묘사한다. 예수님은 벗을 사귀는 것을 분명히 좋아하셨고, 당신을 따르는 사람들이 두루 벗처럼 지내라고 말씀하셨다. 때로는 그분의 친구들끼리 경쟁심 때문에 서로 다투기도 했지만, 그럴 때마다 예수님은 스스로 모범을 보이시며 부질없는 경쟁심을 버리라고 가르치셨다. 지도자가 되려는 사람이나 앞에 나서서 일을 하려는 사람은 다른 사람을 섬겨야 한다. 그리고 식탁에서 시중도 들어야 하고 일상에서 궂은일도 마다하지 않아야 한다. "그러나 나는 그대들 한가운데 시중드는 사람처럼 있습니다"(루가 22,27). 이 말씀을 보면 예수님이 공동체 안에서 친구들을 위해 어떤 역할을 맡아서 하셨는지 알 수 있다.

예수께서 마지막 만찬에서 하신 요한 복음 말씀에는 예수님과 제자들의 우정이 잘 드러난다. 이 자리에서 요한 복음사가는 제자들을 가리켜 "세상에서 사랑해 온 당신 사람들"(요한 13,1)이라고 말한다. 예수님은 제자들을 친구라고 부르신다. "나는 그대들을 종이라고 부르지 않겠습니다. 종은 주인이 하는 일을 모르기 때문입니다. 나는 그대들을 벗이라고 불렀습니다. 내가 아버지에게서 들은 것을 모두 알려 주었기 때문입니다"(요한 15,15). 예수님은 제자들을 종으로 생각하지 않고 친구로 대하셨다. 또 당신 아버지께 들은 말씀과 하느님에 대해 아는 것을 제자들에게 모두 이야기해 주셨다. 그리고 마음속에 있는 생각마저도 솔직하게 털어놓으셨다. 당신의 마음을 열어 보인 것이다. 요한 복음사가는 예수께서 친구를 위해 목숨을 바치심으로써 극진한 우정을 드러내셨다고 한다. "벗을 위해 목숨을 내놓는 것보다 더 큰 사랑을 지닌 사람은 없습니다"(요한 15,13).

최후만찬 자리에서 예수께서 하신 말씀을 들어보면 정말 진한 우정의 분위기가 풍긴다. 제자들이 간절한 마음으로 예수님의 말씀에 귀 기울이는 모습, 예수께서 떠나시게 될 거라는 예감을 하는 모습, 예수께서 돌아가시면 다시는 못 뵙게 될 거라는 사실을 예감하며 절망하는 모습이 역력하다. 예수님은 산모의 진통을 예로 들며 제자들을 위로하신다. 산모가 아기를 낳을 때 진통을 겪지만 아기가 태어나자마자 산모는 큰 기쁨을 느낀다. 예수님은 제자들에게도 이런 일이 있을 거라고 약속하신다. 지금은 그들 곁을 떠나셔도 다시 돌아오실 거라고 말씀하신다. 지금과는 다른 방식이지만 그들의 곁에 함께 계실 거라고 약속하신다. 요한 복음사가는 부활 이야기를 통해 예수께서 얼마나 자상하게 제자들을 다독거리셨는지, 그리고 제자들은 식사를 하며 예수께서 "주님"(요한 21,7)이라는 사실을 깨달으며 얼마나 감격스러워했는지 보여준다.

요한 복음에는 예수께서 사랑하신 제자에 대한 이야기가 여러 차례 나온다. 하지만 그 제자가 누구인지는 밝히지 않는다. 어떤 성서 학자들은 이 제자가 요한 복음 저자라고 말한다. 최후만찬 자리에서 예수님의 애제자는 "예수님의 곁에서" 기대듯 누워 있었다. 그리스어 성서 원문에는 "예수님의 품에"(요한 13,23)라고 씌어 있다. 당시에는 비스듬히 누워서 식사를 했다. 왼쪽 팔꿈치를 딛고 옆으로 누워서 오른손으로 식사를 했다. 애제자는 예수님의 오른쪽에 비스듬히 누운 듯한 자세로 앉아 있었다. 베드로의 부탁으로 그 애제자는 배신자가 누구인지 예수님께 여쭈어 보면서 몸을 뒤로 젖혀 자연스레 예수님의 가슴에 기댄다. 이 장면을 소재로 한 「요한의 사랑」이라는 작품이 있는데 이 작품에서 애제자는 예수님의 품에 기대어 비스듬히 누워 있다. 허물없이 마음을 터놓고 지내는 모습, 정말 우정의 본보기라고 할 수 있다. 화가는 이 그림을 통해 이상적인 우정을 형상화하고 있다. 한 친구가 다른 친구를 안고, 친구 품에 안긴 친구는 기쁜 표정을 짓고 있다. 두 친구 사이에는 사랑이 흐른다.

교회 전례에 따르면 성 요한 축일에는 미사 마지막 부분에 '요한 포도주'를 축성하며 요한의 사랑을 기념한다. 사제는 신자들에게 축성한 포도주를 나누어 주며 "성 요한의 사랑을 마시라"라고 말한다. 성전聖傳에 따르면 요한이 예수님의 애제자이고 요한만큼 예수님의 사랑을 받은 제자는 없다고 한다. 그 후로 예수님과 애제자의 우정에 감탄하며 이를 본받으려 한 사람이 많이 있었다. 이 두 분의 우정에 깊이 감명을 받은 아우구스티누스 성인은 "친구가 없으면 아무것도 다정하게 느껴지지 않는다"라는 말로 이런 우정을 나누어 보고 싶은 간절한 소망을 표현했다.

여러분은 친구라고 부를 만한 사람이 있습니까? 여러분의 우정은 어떻습니까? 여러분은 우정을 위해 무엇을 합니까? 여러분은 우정을 나누고 있습니까? 아니면 그저 형식적인 관계입니까? 여러분의 친구들은 어떻습니까? 우정을 나누면서 친구가 여러분을 존중해 준다는 느낌을 받습니까? 예수께서 보여주신 우정의 신비는 무엇보다도 벗들을 위해 목숨을 바치셨다는 데 있습니다. 여러분은 우정의 신비가 무엇이라고 생각합니까? 여러분은 친구를 위해 무엇을 베풉니까? 그저 겉치레일 뿐인가요? 아니면 당신의 마음, 사랑, 삶, 당신의 일부인가요? 여러분은 우정에 대해 예수님께 무엇을 배웠습니까?

8. 적대 행위자 예수

예수님은 사람들의 비위를 거스르신다. 다른 사람들의 말에 무작정 맞장구치지 않으신다. 하느님께서 보시기에 올바르다고 한 것만 말씀하신다. 그러나 일 때문에 많은 사두가이들과 상당수의 바리사이들과 반목하게 된다. 사두가이들은 예수께서 자신들의 종교적 신념과 경제적 이익을 손상했다고 생각했다. 예수님은 성전에서 "환전상들의 상과 비둘기 파는 자들의 의자를 둘러엎고 성전에서 팔고 사는 자들을 쫓아낼" 만큼 대담한 모습을 보여주셨다(마르 11,15-19 참조). 이 소식을 전해 들은 대제관과 율사들은 "그분을 없애 버릴 방도를 찾았다"(마르 11,18). 이런 상황에서 예수님은 행동을 조심해야 했는데 그러지 않았다. 그분께는 사람들의 생각보다 하느님의 뜻이 더 중요했다. 그리고 "기도의 집"이어야 할 하느님의 집이 "강도의 소굴"로 전락하는 것을 막는 일이 시급하다고 생각하셨다.

성전정화는 하느님을 이용해 장사를 하고 성스러운 사업을 한다는 명목으로 경제적 이윤을 추구하면서 신앙의 집을 더럽히는 행위를 바로잡기 위해 싸우시는 예수님의 한 모습일 뿐이다. 예수님은 하느님과의 관계를 왜곡하는 행동에 단호히 대처하신다. 성전에서의 과격한 행동 때문에 예수님은 사두가이들과 반목하게 된다. 사두가이들에게 성전사업은 중요한 소득원이었다. 성전에서 장사를 해 얻은 수입은 모두 대제관의 주머니로 들어갔다. 이런 상황에서 그들은 예수님의 상징적 행동 때문에 자신들의 돈줄이 끊길 것을 염려한 나머지, 눈엣가시 같은 '랍비 예수'를 죽일 결심을 한다.

그리고 예수님은 바리사이들의 생활태도와 위선적인 행동을 비난하심으로써 많은 바리사이들로부터 앙심을 샀다. 물론 바리사이 중에도 성실하고 정직한 사람들이 있었으며 예수님의 친구 중에도 바리사이가 있었다. 하지만 예수님은 이런 우정에 연연하시지 않고 그들의 잘못된 신앙을 낱낱이 밝히시고 문제점을 지적하셨다. 바리사이에 대한 비판은 때로 굉장히 매서웠다. 하지만 굳이 반목할 생각은 없으셨다. 그저 하느님의 뜻대로 행동하셨을 뿐이다. 위선자들을 배려하기 위해 당신 할 일을 그만둘 수가 없었다. 바리사이들은 자신들의 율법규정을 번번이 위반하는 예수님을 보며 심한 모욕을 느꼈다. 죄인들과 함께 식사한 것도 그들의 비위를 건드렸다. 예수님은 모든 사람과 만나셨으며 바리사이들보다 하느님의 율법을 더 넓고 깊게 해석하셨다. 물론 하느님께서 이스라엘 백성에게 내려 주신 율법을 거부하지 않으셨다. 율법의 본래 의미를 다시 일깨우셨을 뿐이다. 율법이 사람들에게 유익한 것이며, 인간은 율법을 지키기 위해 존재하는 것이 아니라 하느님께서 알려 주신 하느님의 모상을 따라 살기 위해 존재한다. 여기 두 가지 이야기가 있다. 제자들이 안식일에 밀밭 사이를 지나가다가 밀 이삭을 자른 일을 두고 바리사이들은 안식일에 해서는 안 되는 일을 했다며 예수님을 비난한다. 예수님은 제자들을 두둔하신다. "안식일이 사람을 위해 생겼지, 사람이 안식일을 위해 생기지는 않았습니다"(마르 2,27). 예수님은 이렇게 바리사이 사람들의 심기를 건드렸다. 그러나 그들은 반박하지 못했다. 인간이 본성대로 사는 것이 모든 율법의 의미이자 진리라는 사실을 그들도 직감했던 것이다.

보수 그리스도인들 중에는 가는 곳마다 사람들과 부딪치면서, 예수께서도 사람들과 반목하셨다는 말로 자신의 행동을 정당화하곤 한다. 매우 위험한 생각이다. 갈등을 일으킬 때마다 예수님도 사람들과 반목하셨다는 말로 자신의 행동을 정당화하면 내가 무슨 잘못을 해서 갈등이 생겼는지 깨닫지 못하는 우를 범하게 된다. 행여 다른 사람들을 이해하지 못하거나 다른 사람들이 정말 무엇을 원하는지 헤아리지 못해서 마찰을 빚을 수도 있다. 바리사이 같은 행동을 하면서 짐짓 예수님처럼 행동한다고 내세우는 사람들도 허다하다. 이런 사람들은 다른 사람들이 반대하거나 비판하면 으레 예수님도 모든 사람에게 호감을 사지 못했다는 말로 자신의 입장을 두둔한다. 예수님과 자신의 처지가 같다고 생각하는 것은 언제나 위험하다. 자신의 모습을 보지 못한다. 나는 예수님이 아니다. 나는 예수님처럼 분명하고 명확하게 판단하지 못한다. 따라서 쓸데없이 다른 사람들과 반목하지는 않는지, 지나치게 고집을 부려 다른 사람을 이해하지 못하지나 않는지, 혹은 다른 사람의 마음에 상처를 주지는 않았는지 내가 먼저 성찰해 보아야 한다. 나 자신을 깊이 성찰하면 반목하는 이유가 냉혹한 상대방 때문인지 아니면 옹졸한 나 때문인지 스스로 깨닫게 될 것이다.

나 자신을 솔직히 돌아보건대 나도 매번 예수님과 비슷한 경험을 한 것 같다. 내가 하느님을 선하신 분이라고 하면 너무 입빠른 소리를 한다고 눈총받았다. 내가 예수님을 자비하신 분이라고 하면 지옥에나 떨어지라는 험담을 들었다. 예수께서도 이와 비슷한 경험을 하셨다. 예수께서 사실대로 하느님에 관해 말씀하시자 하느님을 편협하게 생각한 사람들이 격분하면서 증오심을 드러냈다. 자신의 모습을 드러내는 사람은 늘 다른 사람들의 적대감을 경험한다. 예수님은 있는 그대로 나의 모습을 드러내고 다른 사람의 말에 맞장구치지 않고 하느님에 대한 나의 믿음을 말할 수 있는 용기를 주신다.

여러분의 대인 관계를 돌아보세요! 다른 사람들의 말에 맞장구만 치지는 않습니까? 남의 비위를 거스르지 않으려고 자신의 생각을 감춘 적은 없습니까? 여러분이 겪는 갈등에 대해 생각해 보세요! 여러분은 예수님처럼 분명한 입장을 가지고 있습니까? 아니면 마음속에 이미 갈등이 있습니까? 갈등이 생기는 이유가 여러분이 분명하고 명확한 입장을 취한 때문인가요? 아니면 우유부단한 태도 때문인가요? 자신의 문제로 공연히 다른 사람과 불화를 일으킨 적은 없습니까? 자기 스스로 갈등과 불화를 자초했는지 아니면 소신껏 하다가 보니 갈등이 생긴 것인지 판단하기가 참 쉽지 않습니다. 싸움이 일어나더라도 분명하게 자신의 주관을 밝혀야 할 때와, 다른 사람을 이해하고 타협해야 할 때를 깨닫도록 예수님께 기도해 보세요.

9. 분열 조장자 예수

"내가 세상에 평화를 주러 왔다고 생각합니까? 아닙니다. 나는 말하거니와, 오히려 분열을 일으키러 왔습니다. 한 집에 다섯 사람이 있다면, 이제부터 셋이 둘에 맞서고 둘이 셋에 맞서서 갈라질 것입니다. 아버지가 아들에, 아들이 아버지에 맞서고 어머니가 딸에, 딸이 어머니에게 맞서며 시어머니가 며느리에, 며느리가 시어머니에 맞서서 갈라지게 될 것입니다"(루가 12,51-53).

사람들을 분열시키는 사람은 스스로 내적 분열을 겪고 있는 사람이다. 마음의 평화를 누리는 사람은 다른 사람과의 관계도 평화롭다. 심리적 관점에서 볼 때 예수님은 분열을 일으키는 사람이 아니다. 예수께서 자신뿐만 아니라 하느님과 일치를 이루며 사신 분이라는 사실을 감안하면 그것을 알 수 있다.

당시 예수님의 말씀을 듣고 있던 사람들은 몹시 당혹스러웠다. 아마 이 글을 읽는 독자 중에서도 기분이 언짢은 사람이 꽤 있을 것이다. 예수님은 무슨 뜻으로 "분열"이라는 말씀을 하셨을까? 그리스 성서 원문에는 "디아메리스모스"(분란, 분열)란 말이 사용되고 있다. 마태오 복음사가는 "칼"(마태 10,34)이라는 단어를 사용했는데 아마 이 말이 원래 사용된 단어일 것이다. 루가 복음사가는 이 말이 좀 거칠다고 생각했는지 "갈라섬"이나 "분열"이란 말로 바꿨다. 예수님은 헤어지거나 갈라서라고 말씀하시지 않는다. 하지만 기존 사회의 틀에 순응하시지 않기 때문에 사람들은 두 편으로 나뉘게 된다. 예수께서 어떤 말씀을 하시면 어느 한편에서는 그 말씀이 옳다고 생각하고 다른 한편에서는 그 말씀에 반기를 든다. 예수님은 당신의 말씀에 반대하는 사람이 생기지 않게 두루뭉술하게 말씀하시지 않는다. 사람들이 결단을 내리게 하신다. 어떤 경우에는 예수님의 제안을 받아들이지 않는 사람도 있었다. 그러자 예수님은 그 일로 가족이 완전히 분란을 일으키게 될 것이라고 예견하신다. 누구든지 다른 사람의 눈치를 보지 않고 스스로 결정을 내리는 것이 중요하다고 생각하신 것이다. 누구든지 삶의 근본적인 결정을 스스로 내리고 자신이 원하는 삶을 사는 것이 중요하다는 말씀이다.

예수님은 마음의 평화를 찾지 못해서 사람들 사이에 분란을 일으키시는 분이 아니다. 그분은 사람들이 반목하는 모습을 지적하셨을 뿐이다. 겉으로 보기에 화목한 가족도 사실은 허울만 그럴 뿐 가족 간에 사랑이 없고 형식적인 관계만 있다는 사실을 밝혀내셨다. 이런 형식적인 관계의 이면에는 가족의 유대가 끊어질 수 있는 커다란 위험이 도사리고 있다. 당신 편에 서든지 반대편에 서든지 분명한 입장을 밝히도록, 하느님의 섭리에 따르겠다는 결단을 내리도록, 자기만의 고유한 삶의 빛깔을 내도록, 예수님은 사람들에게 자극적인 말씀을 하신다.

예수님 말씀이 당시 사람들에게 충격적이었다는 점에서 예수님을 컴퓨터 해커에 비유할 수 있을 것이다. 그분은 완벽한 네트워크를 갖췄다고 장담하는 거대 기업의 전산망을 마비시킨다. 십자가의 죽음을 통해 보여주신 사랑으로 오로지 눈앞의 이윤만을 추구하는 사회의 모든 소프트웨어를 교란하신다. 예수께서 이렇게 분란을 일으키는 이유는 사람들이 정말 자신들이 원하는 것이 무엇인지 진지하게 생각해 보도록 하기 위해서다. 그분은 사람들이 견고한 삶의 건물을 지어 놓고 그 속에 들어가 숨어버리면 분란을 일으키신다.

그러나 분열을 일으키시는 예수님의 모습을 다른 측면에서도 보아야 한다. 많은 사람들이 한번도 자신의 길을 가겠다는 결단을 내리지 못한다. 사람들은 무의식적으로 다른 사람과 공생하고 가족과도 공생한다. 사람들은 남의 기대에 어긋나지 않으려고 눈치를 보며 산다. 예수님은 우리가 자신의 길을 찾고 자아를 찾으라고 자극하신다. 그러기 위해서는 남들의 기대에 연연하지 말고 거리를 두고 살펴봐야 한다. 내가 내적으로 다른 사람의 기대에 얽매여 있는 한, 주위의 기대와 자신의 바람 사이에서 갈팡질팡하게 된다. 그러면 나는 절대로 나에게 이르지 못한다.

내 힘으로 일어서야 주위 사람들과도 자유롭게 의사소통을 할 수 있다. 그래야 만남이 이루어진다. 우리가 서로 얽히고설킨 채 경계를 분명히 긋지 않고 살면 다른 사람의 신비도 알아보지 못하고 자신의 정체성도 깨닫지 못한다. 예수님은 성숙한 사람, 스스로 홀로 서는 사람들이 서로 함께 살기를 원하신다. 그러기 위해서는 분란이 일어나야 하고, 거리를 두어야 하고, 자신의 경계를 그어야 한다. 이 길을 통해서만 결실을 맺는 삶, 함께하는 삶이 가능해진다.

여러분은 주관을 뚜렷이 밝힙니까? 아니면 여러분에게 기대를 거는 사람들을 언짢게 생각합니까? 사람들이 여러분에게 기대를 걸어도 괜찮습니다. 하지만 그 기대를 얼마나 충족시킬 것인지는 여러분의 자유로운 결정입니다. 그런데 기대를 거는 사람들에게 화를 내는 사람도 더러 있습니다. 하지만 엄밀히 따져 보면 주관을 밝히지 못해 자신을 원망하는 것입니다. 주관이 뚜렷해야 대인 관계가 원만해지고 분명해집니다. 여러분의 대인 관계는 어떻습니까? 가깝게 지내는 관계와 거리를 유지하는 관계가 잘 조화를 이루고 있습니까? 아니면 제대로 분간할 수 없을 정도로 감정이 뒤범벅이 되어 있습니까? 당신의 감정과 욕구를 다른 사람의 감정과 욕구와 혼동합니까? 사람들 사이에 분란이 일어났을 때 그 분란이 다른 사람의 내적 갈등에서 비롯되었다는 것을 안 적이 있습니까? 여러분은 자신의 주위에 있는 사람들을 분열시킵니까? 여러분은 마음의 병을 야기하는 병적인 분열과, 예수께서 진정한 삶을 살게 하기 위해 일으키신 분열을 어떻게 구분합니까?

10. 화해 주선자 예수

화해에 관한 예수님의 말씀에 특히 정치가들이 반대를 표명한다. 헬무트 슈미트 전 독일 수상은 수상 재임 시절 "「산상설교」 정신대로는 정치를 할 수 없다"는 유명한 말을 남겼다. 예수께서 「산상설교」에서 화해에 관해 하신 말씀 중에 납득이 가지 않는 세 가지 문제를 살펴보려고 한다.

> 제단에 예물을 바치려다가 형제가 당신에게 원한을 품고 있다는 것이 생각나거든 당신의 예물을 제단 앞에 두고 먼저 가서 화해한 다음에 와서 바치시오(마태 5,23-24).

미사를 드리려면 주위 사람들과 나의 관계를 살펴보아야 한다. 나에게 앙심을 품은 사람이 있으면 먼저 화해를 청해야 한다. 무의식중에 다른 사람의 마음을 아프게 했을 것이다. 아마 무언가 오해가 있어서 내가 비난을 들었을 수도 있다. 하느님 앞에 나아가려면 우선 주위 사람들과 나의 관계를 해결해야 한다. 그런데 다른 사람이 화해할 생각이 없다면서 나에게 문제를 다 떠넘기면 나는 어떻게 해야 할까? 어쩔 수 없다. 내 할 일만 하면 된다. 다른 사람이 화해를 하지 않으면 그건 그 사람 문제다.

예수님은 갈등이 생겼을 때 나의 잘못이 무엇인지 정확하게 밝히라고 말씀하신다. 내가 무엇 때문에 감정이 상했는지 수사님이나 수녀님과 대화로 풀 수 있다. 사람들과의 관계를 떠나서는 하느님과의 관계도 맺을 수 없다. 정말 엄청난 난제다. 내 마음은 사람들과 화해하고 싶다.

둘째 말씀도 마찬가지로 쉽게 납득이 가지 않는다. "적대자와 함께 길을 가는 동안에 얼른 화해하시오. 그러지 않으면 그가 당신을 재판관에게 넘기고 재판관은 하인에게 넘겨 당신은 감옥에 갇힐 것입니다"(마태 5,25).

그리스 원문에는 "길을 가는 동안에"라고 씌어 있다. 내가 살아 숨 쉬는 동안 적과 화해해야 한다. 여기서 말하는 적은 내면의 적이다. 극복해야 할 마음의 벽, 도저히 받아들일 수 없는 사실이 바로 내면의 적이다. 길을 가는 동안 내면의 적과 화해해야 한다. 정말 지워버리고 싶은 나의 어두운 면을 받아들여야 한다. 내가 나의 어두운 면과 화해하지 못하면 내면의 재판관인 나의 초자아 앞에 불려 가게 된다. 내면의 재판관은 나를 법원 정리廷吏에게 넘길 것이다. 그는 자책감을 무기로 나를 괴롭히고 나를 삶의 틀 속에 얽어맨다. 그리고 나를 감옥에 가둘 것이다. 나는 내 안에 오래 갇혀 언젠가 이 내면의 감옥을 탈출하기에는 이미 때가 늦을 것이다. 길을 가는 동안에 나 자신과 화해하는 것이 나의 과제이다. 그래야만 길에서 마주치는 원수와도 화해할 수 있다.

원수를 사랑하라는 예수님의 말씀은 예나 지금이나 호응을 얻기도 하고 반발을 사기도 한다. 어떤 사람은 그 점이 바로 예수님 가르침의 백미라고 하고, 또 어떤 사람은 도저히 실천할 수 없는 황당한 요구라고도 한다.

"이웃을 사랑하고 원수를 미워하라"고 말씀하신 것을 여러분은 들었습니다. 그러나 나는 말합니다. 원수를 사랑하고, 박해하는 사람들을 위해 기도하시오. 그래야 하늘에 계신 여러분 아버지의 아들이 됩니다. 그분은 악한 사람에게나 선한 사람에게나 해를 떠오르게 하시고, 의로운 사람에게나 의롭지 못한 사람에게나 비를 내려 주십니다(마태 5,43-45).

제자들은 원수를 사랑함으로써 악인에게나 선인에게나 똑같이 햇볕을 비추어 주시는 하느님을 닮아야 한다. 예수님은 사람을 선인과 악인으로 나누시지 않았다. 선인도 악에 빠질 위험이 있고, 악인도 선에 대한 갈망을 가지고 있다고 생각하셨다. 그분은 선인과 악인을 모두 포용하시며 모두에게 삶의 길을 제시해 주셨다. 우리가 먼저 마음속의 원수를 사랑할 때, 우리가 마음속의 선과 악 위에 햇빛처럼 호의를 드리울 때, 우리의 이상적인 모습을 가로막는 것을 너그러운 눈길로 바라볼 때, 비로소 우리는 원수를 사랑할 수 있게 된다.

원수를 사랑함이란 남이 우리에게 무슨 짓을 하든 모두 달게 받는다는 뜻이 아니다. 그 말은 우리가 원수지간이 되지 않도록 조심한다는 뜻이다. 누군가가 나를 적대시한다고 해서 똑같이 적대감을 가져서는 안 된다. 그러면 그가 나를 원수로 단정할 것이다.

첫째 과제는 그 사람이 왜 나를 미워하는지 이유를 파악하는 일이다. 어쩌면 그 사람은 자신의 문제를 나한테 뒤집어씌우고 있는지도 모른다. 자신에게 불만을 가지고 있는 터에 나한테서 같은 모습을 보고 혐오감을 나타내는 것이다. 그런데 내가 그것을 이해한다면 그 사람은 나의 원수가 되지 않을 것이다. 내 눈에는 그저 구원받고 싶고 포용해 주기를 바라는 사람으로 보일 것이다. 나는 자유로운 마음으로 그 사람을 만날 수 있다. 사람들은 흔히 원수를 사랑하는 일이 참 어렵다고 말을 한다. 하지만 나는 원수를 미워하는 일이 더 어렵다고 생각한다. 만일 원수를 미워하면 그 원수가 나의 기분과 행동을 좌우하기 때문이다. 원수를 사랑하는 일이 나에게는 자유를 의미한다. 나는 다른 사람이 원수라고 생각하지 않고 우정을 간절히 원하는 사람이라고 생각한다.

정치적인 차원에서도 예수님의 말씀을 이해해야 한다. 예수님은 우리 사회의 갈등과 민족 간에 깊이 파인 골을 원수를 사랑하라는 계명으로 치유하시고자 한다. 그리고 우리가 언제까지 이런 원한관계 속에 있는 것을 원하시지 않는다. 예수님은 사회 안에 대립하는 세력들과 적대관계에 있는 민족들이 함께 갈등의 사슬에서 벗어날 수 있는 새로운 방법을 모색해 보라고 말씀하신다. 대립관계에 있는 민족들이 자신의 이익만을 추구한다면 갈등이 치유되지 않고 한없이 지속된다. 우리는 이런 경우를 발칸 반도에서 보고 있다. 증오가 쌓여서 자자손손 이어지고 있다. 이런 해묵은 증오를 해소하고 화해하지 않고서 군사적인 방법으로 평화를 보증할 수 없다. 예수님은 원수를 사랑함으로써 해묵은 흑백논리를 벗어버리고 평화와 화해의 새로운 길을 열라고 가르치신다.

여러분은 자기 자신과 화해를 했습니까? 여러분 마음속의 어떤 원수와 화해해야 할까요? 여러분은 자신의 어떤 면을 받아들일 수가 없습니까? 여러분은 자신의 어떤 모습 때문에 화가 납니까? 마음속 깊은 곳에서 우러나오는 소리에 귀를 기울이면서 스스로 이렇게 말해 보세요. "그래, 이게 내 모습이야. 이것이 나의 한 부분이야. 그냥 있는 그대로 받아들이자. 있는 그대로 인정하자."

여러분이 앙심을 품고 있는 사람이 있습니까? 여러분이 화해하지 못하는 사람 중에서 지금 어떤 사람이 떠오릅니까? 어떤 사람과 꼭 화해하고 싶습니까? 우선 여러분의 마음을 잘 살펴보세요. 앙심을 품고 있는 사람의 얼굴을 떠올리면서 화해의 기운을 불어넣어 보세요. 그러면 앙심이 풀어지면서 마음속에서 잔잔한 평화를 느낄 겁니다. 마음속에서 앙심을 품은 사람과 화해했으면 이제 구체적으로 어떻게 화해할지 생각해 보세요. 대화를 청할 수도 있고, 화해하는 마음을 행동으로 보일 수도 있고, 그 사람을 위해 기도할 수도 있을 겁니다.

여러분은 주위에서 화해의 분위기를 이루기 위해 무슨 일을 하겠습니까? 혹시 여러분이 하는 말이 갈등의 불씨가 되는지 혹은 화해의 기폭제가 되는지 생각해 보세요! 또 여러분의 마음에 화해의 정신이 깃들어 있는지 돌아보세요!

11. 자유인 예수

예수님은 마음이 자유로우셨다. 사람들이 기대하는 대로 생각하거나 행하시지 않고 오로지 하느님의 뜻에 따라 생각하고 행하셨다. 그분은 내적 자유를 누리며 자기 안에 갇혀 있는 사람들에게 정신적 자극을 주셨다. 그러다 사람들과 갈등이 일어날 수도 있다는 것도 알고 계셨다.

예수님의 탁월하신 면모는 황제에게 세금을 바치는 문제에 대한 장면에서 아주 잘 나타난다. 바리사이 몇 명이 와서 예수님을 함정에 빠뜨리려고 한다. 그들도 예수님의 명망을 인정하지 않을 수 없다. "선생님, 저희가 알기로 선생님은 진실하시고 어느 누구에게도 구애받지 않으십니다. 과연 사람의 신분을 가리지 않고 오직 하느님의 길을 참되이 가르치십니다"(마르 12,14). 그들의 눈에도 예수님은 절조 있고 내적으로 자유로운 분으로 비친다. 그분은 사람들의 눈치를 보며 행동하시지 않고 마음으로 느끼고 마음에서 우러나오는 대로 행동하신다. 하지만 그들은 예수님을 곤경에 빠뜨릴 심산으로 이렇게 묻는다. "그런데 황제에게 주민세를 바쳐도 됩니까, 안 됩니까? 바칠까요, 바치지 말까요?"(마르 12,14).

얼핏 듣기에는 별로 악의가 없는 질문이다. 하지만 당시 상황을 볼 때 이 질문은 정치적으로 굉장히 민감한 문제였다. 예수께서 어떻게 대답하든 적을 만들 수밖에 없었다. 만일 예수께서 황제에게 바치는 세금을 낼 필요가 없다고 말씀하시면 헤로데 왕의 지지자들이 그분을 로마인들에게 고발할 것이다. 그러면 예수님은 죽음을 면하기 어려울 것이다. 그리고 만일 예수께서 세금을 내야 한다고 말씀하시면 황제에게 바치는 세금납부를 거부하며 이스라엘 백성들의 많은 지지를 받고 있던 열혈당원들의 비난을 받을 것이다. 세금납부에 찬성하실 경우 대다수 백성들이 예수님께 등을 돌릴 수도 있다. 그런데 정작 바리사이들은 이 문제에 대해 결정을 내리지 못하고 있었다. 세금을 내는 것이 율법에 어긋난다고 생각하면서 세금을 내지 않을 수도 있다. 세금을 내야 하는 상황을 이해하기 힘들지만 하느님의 섭리이겠거니 하고 받아들일 수도 있었다.

하지만 대부분의 바리사이들은 마음이 내키지 않았지만 세금을 내고 있었다. 따라서 예수님께 던진 질문에는 음흉한 저의가 담겨 있었다. 그들은 예수님을 곤경에 빠뜨릴 속셈이었다. 자신은 결정하지 못했으면서 예수님께는 분명한 입장을 밝히라고 요구했다. 그러나 예수님은 궁지에 몰리지 않았으니 평소 당당하신 모습 그대로다. 그분은 속을 떠보려는 사람들의 속셈에 넘어가지 않으신다. 그들의 흉계에 말려들지 않고 당신 뜻대로 행동하며 주도권을 쥐신다. 예수님은 질문하는 사람들의 의중을 꿰뚫어 보며 말씀하신다. "왜 나를 떠보는 거요? 데나리온 한 닢을 가져오시오. 어디 봅시다"(마르 12,15). 그들은 세금을 낼 때 쓰는 데나리온을 가지고 있었다. 그들의 기만이 드러나는 순간이다. 그들도 세금을 내고 있었던 것이다. 그들은 예수님께 무엇을 묻고 싶었을까? 자신들의 문제를 예수님께 덮어씌우고 싶었을 것이다. 로마에 세금을 내면서 양심의 가책을 느끼며 살아 온 그들은 예수님을 이용해 자신들의 문제를 풀어보려고 했다. 그런 질문을 해서 예수님을 궁지에 몰아넣고 양심의 가책에서 벗어나려고 했다. 하지만 예수님은 그들에게 되물으시며 그들을 궁지에 빠뜨리신다. "이 초상과 글자가 누구의 것이오?" 그들은 그 답을 정확히 알고 있다. "황제의 것입니다." 그러자 예수님은 탁월한 영적 능력이 돋보이는 대답으로 그들을 제압하신다. "황제의 것은 황제에게 돌려주시오. 그러나 하느님의 것은 하느님께 돌려 드리시오"(마르 12,17). 국가는 국민들을 위해 법률과 제도, 각종 사회 시설, 노후 연금을 보장해 주며 이것은 국가, 즉 황제의 것이다. 따라서 국가에 돌려주어야 한다. 그러나 인간인 그들은 하느님의 소유이며 하느님의 모상을 지니고 있다. 따라서 그들은 인간으로서 하느님께 자기 자신을 돌려드려야 한다. 오로지 하느님께서 경배와 흠숭을 받으셔야 한다.

바리사이와 헤로데 왕 추종자들의 질문에 답하시는 예수님의 모습에서 내면의 절대 자유가 보인다. 예수님은 도대체 어떻게 이렇게 당당하실 수 있을까? 자신을 궁지에 빠뜨리려는 사람들을 마주하면서 어쩌면 그렇게 자유롭게 행동하실 수 있을까? 내 생각에는 이렇다. "예수님은 하느님 안에 사신다. 그분은 하느님 안에 굳건히 서 계시다. 그분은 완전히 다른 차원에서 살고 계시다. 그래서 사람들이 그분께 아무런 해를 입히지 못하는 것이다."

나도 예수님처럼 자유로워지고 싶다. 나도 예수님처럼 나를 궁지에 몰아넣는 사람들의 굴레에서 벗어나고 싶다. 예수님은 하느님을 생각하라고 내게 말씀하신다. 내가 하느님의 소유라면 사람들이 나를 어쩌지 못할 것이다. 내가 어린 시절에 들었던 하느님에 대한 강론은 예수님의 말씀과 달랐다. 그 강론에서는 하느님을 이용해서 사람들의 말을 잘 듣고 사람들의 명망을 존중하라고 가르쳤다. 그런데 예수님은 하느님께서 나에게 자유를 주시고 나를 굴복시키려고 하는 사람들의 손아귀에서 나를 풀어 주신다고 말씀하신다.

🌱 여러분은 내적 자유를 느낍니까? 어떤 사람들을 볼 때 여러분 본연의 모습을 지킬 수 없다는 느낌을 갖게 되나요? 어떤 경우에 여러분은 궁지에 몰립니까? 어떤 경우에 여러분은 다른 사람들에게 휘둘리게 되나요? 이상하게 만나기만 하면 뭔지 모르게 자유롭지 못한 느낌이 드는 사람이 계속 눈앞에 어른거립니까? 여러분이 만일 완전히 자유로웠다면, 정말 마음속에 있는 이야기를 속 시원히 할 수 있었다면, 다른 사람의 눈치를 보지 않았다면 껄끄러운 관계에 있는 사람과 어떤 대화를 나눴을까요? 마음속으로 자유를 느끼면서 이렇게 묵상해 보세요. 그리고 생각한 대로 이야기해 보세요. 자유로운 예수님과 만나면서 여러분의 마음속에 숨겨져 있는 자유가 싹트게 될 것입니다.

12. 먹보 · 술꾼 예수

그리고 레위는 그분을 위해 자기 집에서 큰 잔치를 베풀었는데, 세리들과 그밖의 많은 사람이 큰 무리를 이루어 그분 일행과 어울려 먹고 있었다. 그래서 바리사이와 율사들이 제자들에게 투덜거렸다. "어째서 세리와 죄인이랑 어울려 먹고 마시고들 있소?"(루가 5,29-30).

루가 복음사가는 예수께서 잔칫상에 초대받으셨다는 사실을 여러 차례 이야기한다. 예수님은 친구들뿐만 아니라 세리와 죄인, 바리사이들의 식사 초대를 받으신다. 그런데 바리사이들은 예수께서 세리들과 함께 식사하고 술을 드시는 것을 특히 못마땅하게 생각했다. 세례자 요한은 자신에게 가르침을 받는 예수께서 자신과 전혀 다른 생활을 하는 것을 보고 곤혹스럽게 생각했다.

세례자 요한은 금욕과 고행을 하는 사람들의 정신적 지도자였다. 그는 "낙타털옷을 입고 허리에 가죽띠를 띠고 메뚜기와 들꿀을 먹었다"(마르 1,6). 그는 예수님에게 세례를 주었다. 게다가 자신의 후계자로 예수님을 생각하기도 했다. 하지만 예수께서 자신과 전혀 다르게 가르치고 있다는 소식을 감옥에서 듣고 적잖이 난감했다. 예수님의 가르침은 하느님의 심판이 아니라 자비로우시고 자애로우신 하느님의 현존, 즉 하느님 나라가 가까이 왔다는 사실이었다. 이렇게 온화한 하느님의 모습을 전하시며 정말 놀라운 일을 이루셨다. 곳곳에서 병든 사람을 치유하신다는 소문도 들렸다. 그러자 세례자 요한은 예수님께 자신의 제자들을 보내 확인을 해본다. "오실 그분이 당신이십니까? 아니면 우리가 다른 분을 기다려야 합니까?"(마태 11,3). 예수님은 요한의 제자들에게 본 대로 전하라고 말씀하신다. 그리고 예언자 이사야의 약속이 당신을 통해 이루어졌다는 말씀도 하신다. "듣고 보는 대로 요한에게 가서 알리시오. '눈먼 이들이 보고'(이사 29,18), '절름발이들이 걸으며 나병환자들이 깨끗해지고 귀먹은 이들이 들으며'(이사 35,5-6), '죽은 이들이 일으켜지고'(이사 26,19), '가난한 이들이 복음을 듣습니다'(이사 61,1)"(마태 11,4-5). 예수님은 많은 경건한 유다인들의 불만을 사고 있고 그들의 기대를 충족시키지 못한다는 사실을 알고 계셨다. 그래서 이런 말씀을 하셨다. "나에게 걸려넘어지지 않는 사람은 복됩니다"(마태 11,6).

세례자 요한의 제자들이 돌아간 후 예수님은 세례자 요한과 당신을 비교하시며 이렇게 말씀하신다. "요한이 와서 먹지도 마시지도 않으니까 '귀신들렸다'고들 하더니 인자가 와서 먹고 마시니까 '보아라, 먹보요 술꾼이며 세리와 죄인들의 벗이로구나'라고들 하는구려. 그러나 지혜가 옳다는 것이 그 행한 일들로 드러났습니다"(마태 11,18-19). 사람들은 세례자 요한과 예수님의 행동이 모두 옳지 않다고 생각했다. 사람들은 세례자 요한이 귀신들렸다고 비난하면서 멀리했다. 귀신들리지 않고서는 그렇게 엄격한 금욕생활을 할 수 없다고 생각했다. 그런데 예수께서 금욕생활을 하지 않고 보통 사람들과 같이 음식을 드시고 술을 드시자 이번에는 먹보요 술꾼이라고 욕을 했다. 예수님의 행동이 너무 방만하다는 비난이었다. 죄인들과 어울려 먹고 마시는 예수님은 예언자가 아니라고 단정한 것이다. 바리사이들은 예수님의 자유분방한 생활을 못마땅하게 생각했다. 자신들의 감추어진 어두운 모습이 드러나기 때문이었다. 그들이 율법을 지키는 것은 하느님에 대한 순수한 사랑 때문이라기보다 다른 사람들 앞에서 체면을 차리기 위해서였다. 예수님은 그들의 무의식적인 의도를 밝혀내시며 하느님께서 모든 사람들에게 자애로우시고 죄인들마저도 불쌍히 여기신다고 가르치셨다. 또 누구든 함께 식사하셨는데 바리사이들도 예외가 아니었다. 그런데 사회에서 멸시를 받는 사람들과 함께 어울리는 예수님의 모습은 당시 경건한 사람들에게는 아주 새로운 일이었다.

당시 유다 사회에서 말하는 죄인은 하느님의 계명을 어기고 비도덕적인 생활을 하는 사람만이 아니다. 바리사이들은 떳떳지 못한 직업 목록을 만들어 놓고 이런 직업을 가진 사람들을 죄인이라고 손가락질했다. "야바위꾼, 고리대금업자, 비둘기 경주를 벌이는 사람, 양치기, 세관원, 세금징수원, 땜장이, 직조업자, 이발사, 사혈瀉血장이, 목욕탕 관리인, 제혁공, 의사, 선원, 마부, 낙타몰이꾼, 도축업자"(Grundmann) 등도 죄인 취급을 받았다. 예수님은 직업이나 생활방식 때문에 하느님 나라에 들어가지 못한다고 말씀하시지 않았다. 그리고 하느님의 나라가 가까이 왔다는 기쁜 소식을 모든 사람에게 전하셨다. 물론 하느님 나라에 들어가려면 누구나 먼저 회개하고 생각을 바꾸어야 한다고 말씀하셨다.

예수님은 극단적인 고행으로 영성을 입증하시지 않았다. 음식을 먹는 문제를 자유롭게 판단하셨고 단식을 거부하시지 않았다. 단식을 하더라도 다른 사람들 앞에서 보이기 위해서 하지 말라고 말씀하셨다. 예수님은 죄인으로 취급받는 사람들과 함께 잔치에 참석하실 때에도 전혀 개의치 않으시고 자유롭게 행동하셨다. 예수님의 이런 모습에서 바로 하느님의 신비를 엿볼 수 있다. 그분은 하느님께로부터 오셨기 때문에 비록 죄인이라고 멸시받는 사람들에게도 스스럼없이 다가갈 수 있었다. 진리를 깨닫고 계시는 그분은 진리를 모르는 사람들을 멀리할 필요가 없으셨다. 정결법을 지키지 못하는 사람들과 어울린다고 해서 부정해질 분이 아니었다. 그분께서 정결하신 것은 하느님과 긴밀한 관계를 맺고 계시기 때문이다. 예수님의 행동을 보면 아무런 두려움 없이 자유로운 모습을 볼 수 있다. 그분은 음식이나 술에 중독될까 두려워하지 않았으며 만나는 사람들을 두려워하지 않았다. 어떤 사람을 만난다고 해서 마음이 흐트러지지 않는다는 확신을 가지셨다. 그리고 다른 사람들의 판단을 두려워하지 않았다. 그분은 경건한 사람들이나 당시 사회 권력층의 인정과 비호를 받고 싶은 생각이 없으셨다. 오직 하느님께 의지하셨기 때문에 당신이 옳다고 생각하는 일을 자유롭게 하실 수 있었다.

여러분이 무엇을 먹고 마시는지 생각해 보세요! 정말 먹고 마시는 것을 즐깁니까? 아니면 그냥 뭐든지 닥치는 대로 먹습니까? 여러분은 화가 났을 때, 체념했을 때, 자신의 약점이 드러났을 때 마시는 것으로 풀려고 하지 않습니까?

오늘이라도 의식적으로 천천히 식사하면서 맛을 음미하고 하느님의 자애로움과 사람들의 호의를 느껴 보세요.

여러분은 단식도 할 줄 알고 즐길 줄도 압니까? 단식할 때, 단식하지 않는, 여러분의 잣대에 맞지 않는 사람들을 보면 어떤 생각이 듭니까? 그동안 억눌려 있던 욕구와 바람이 드러나지 않습니까? 교황 요한 23세를 보세요.

그분은 금욕주의자가 아닙니다. 하지만 그분에게는 자애로움과 온유함이 느껴집니다. 그분의 자애로움과 온유함은 온 교회와 세상을 변화시켰습니다. 그분은 예수님에게 본질적인 것을 배우셨습니다.

13. 의사 예수

초기 교회는 예수님을 "오직 한 분뿐인" 의사라고 불렀다. 초기 그리스도교 신자들은 정말 병을 치유하실 수 있는 사람은 오직 그분뿐이라고 믿었다. 성서를 보면 예수께서 병자를 치유하신 이야기를 많이 볼 수 있다. 사람들은 예수께서 치유해 주실 거라는 기대로 환자들을 데려왔다. 당시에도 신비한 능력으로 병자들을 고친다는 사람들이 더러 있었다. 하지만 복음사가들이 예수께서 병을 고치신 이야기를 전하면서 중요하게 생각한 것은 기적이 아니라 예수께서 병든 사람들을 대하시는 마음자세였다.

예수님은 분명 경험이 풍부한 심리치료사였다. 어떤 환자든 치유하실 수 있었다. 한번은 등이 굽어 펴지 못하는 부인이 회당 구석 자리에 앉아 있는 것을 보시고 당신께 가까이 오라고 말씀하신다. 그리고 그 부인이 고립된 생활에서 벗어날 수 있도록 도움 말씀을 해 주신다 (루가 13,10-13 참조). 또 사람들이 청각장애인을 데려오자 따로 데리고 가서서 '특진'을 해 주신다. 이 청각장애인은 아마 사람들 때문에 말을 하지 못했을 것이다. 이 사람은 자신의 말을 이해하면서 들어 줄 사람이 필요했다(마르 7,31-37 참조). 그리고 시각장애인을 보시자 다정하게 쓰다듬어 주신다. 장애인의 눈에 당신의 침을 바르시고 머리에 손을 얹으신다. 한번에 완치되지 않자 그 사람 눈에 다시 한 번 손을 없으신다. 그러자 그는 완전히 시력을 회복했다. "눈이 성해져서 모든 것을 환히 보게 되었다"(마르 8,25). 예수님은 이렇듯 사람들의 아픈 곳을 알아내어 새로운 생명을 불어넣어 주셨다.

예수께서 치유하신 병은 심인성 질환이다. 이런 병은 다분히 마음에서 생기는 병이다. 눈이 멀었다는 것에는 의식적으로 보지 않으려는 의도가 깔려 있다. 마비증세가 나타나는 원인은 불안 때문이다. 자기 안에 스스로 갇혀서 기가 꺾이고 주눅이 들어 있는 것이다. 나병환자는 자신의 모습 때문에 괴로워한다. 자신의 모습을 스스로 받아들이지 못하기 때문에 다른 사람들에게 따돌림당하고 고립된 듯한 느낌을 가진다. 예수님은 자신을 스스로 받아들이지 못하는 사람이 다른 사람들의 관심을 받아들이려면 많은 인내심이 필요하다는 사실을 알고 계셨다. 나병으로 고생하는 사람이 찾아와 도움을 청하자 예수님은 몇 단계에 걸쳐서 치료하신다. "예수께서 측은히 여겨 손을 펴서 만져 주며 '내가 하고자 하니 깨끗하게 되시오'. 그러자 곧 나병이 물러가고 그는 깨끗해졌다"(마르 1,41-42). 이것을 보면 예수님의 치유 방법이 무엇인지 알 수 있다.

치유의 첫 단계는 측은히 여기는 마음이다. 그리스어로 '측은한 마음'이란 말은 원래 '오장육부까지 감동하다'라는 뜻이다. 예수님은 나병환자에게 마음의 상처가 있는지 스스로 생각해 보게 하신다. 그리고 당신 손을 내미신다. 병에 걸린 사람과 관계를 맺으신다. 그러나 치유의 대상으로 생각하고 대하시지는 않는다. 손을 건네시면서 그의 몸을 만지신다. 그리스 원문에는 예수께서 그를 품에 안아 주셨다고 한다. 예수님은 나병환자를 손으로 만져 불결해지신다. "손을 더럽힌 것이다." 예수님은 그 사람의 가슴에 쌓인 한과 응어리를 보신다. 또 나병에 걸린 몸을 만져 주신다. 자기 자신을 받아들이지 못하는 사람을 상대하다 보면 '오물'이 튈 수도 있다. 그래서 흔히 이런 사람들을 피하게 마련이다. 자칫하면 자신의 몸이 더러워질 것 같기 때문이다. 하지만 예수님은 이것을 두려워하시지 않았다. 그래서 나병에 걸린 사람을 손으로 만지시며 "내가 하고자 하니 깨끗하게 되시오"라고 말씀하신다. 예수님은 나병에 걸린 사람의 편이 되어 주신다. 그러나 이제는 나병에 걸린 사람이 스스로 자기편이 되어야 한다. 예수님은 이 사람이 깨끗해졌다고 생각하셨다. "당신의 모습에 자신감을 가지세요." 그러나 이제 문제는 병에 걸린 사람이 스스로 자신을 받아들이는 것이다. 그래야 그가 깨끗해진다. 그리스어 '카타리스테티'는 "당신의 모습 그대로 깨끗해지고 맑아지고 순수해지시오"라고 번역할 수 있을 것이다. 즉, 자신을 거부하는 태도를 버리고, 쌓인 한과 응어리를 마음에 품지 말라는 뜻이다. 자기 본연의 모습을 온전히 유지하라는 말이다. 하느님께서 지어 주신 모습대로, 이에 어긋나지 않게 살라는 말이다. 끊임없이 자신에 대해 부정적인 생각을 하면서 그 모상을 흐리게 하고 있다면 이제 그만두라는 뜻이다.

예수님은 병에 걸린 사람을 절대로 수동적인 대상으로 대하시지 않았다. 중풍 걸린 사람에게는 이런 말씀을 하신다. "일어나 침상을 들고 집으로 가시오"(마르 2,11). 몸이 마비된 이 사람은 불안감 때문에 침대에 묶여 있었던 것이다. 그는 몸을 제대로 가누지 못할까봐 겁이 나 있었다. 마음의 벽이 있어서 막혀 있었던 것이다. 다른 사람들도 불안해하는 그의 모습을 보았다. 말을 하려고 입을 열면 얼굴이 빨개지면서 몸을 떨고 식은땀을 흘렸다. 그래서 그는 그냥 자리에 누워 있는 것이 좋겠다고 생각했던 것이다.

예수님은 그 사람을 치유하신 것이 아니라 자극을 주었다. "당신은 일어설 수 있습니다. 해 보세요. 할 수 있습니다." 이렇게 자극적인 말씀으로 그의 의지를 북돋아 스스로 일어서게 하셨다. 마비환자에게 들것을 직접 들고 가라고 말씀하셨다. 들것은 그의 자신 없는 태도와 마비와 소심한 마음을 상징한다. 그는 오늘부터라도 걸을 수 있다는 확신만 있다면 일어서 걷고 싶었을 것이다. 하지만 예수님은 자신감도 없고 마음의 문도 닫힌 그가 일어서서 걸을 수 있다고 믿으셨다. 하지만 의사로서 모든 책임을 지시지 않았다. 환자가 스스로 자신을 위해 무언가 해보겠다는 의욕을 불어넣어 주셨다. 또한 자기 병에 대한 책임을 다른 사람에게 돌리거나 도움을 청하지 않고 스스로 책임을 지도록 의지를 북돋아 주셨다.

여러분은 마치 나병에 걸린 듯 자기 자신이 싫어질 때가 있었습니까? 언제 자신의 모습이 그렇게 싫었습니까? 무엇 때문에 여러분은 마비가 되고 마음의 문이 닫히고 소심해졌습니까? 여러분의 맹점은 무엇인가요?

여러분의 나병과 마비증세, 실명과 기진맥진한 상태를 예수님께 보여 드리세요. 여러분의 병에 대해 그분에게 말씀드려 보세요. 무슨 생각이 떠오르나요? 지금 상태의 원인이 무엇입니까?

예수께서 그때 하시던 일을 요즈음에는 의사와 심리치료사들이 하고 있습니다. 예수님은 당신을 믿는 모든 사람들에게 치유의 영을 선사해 주셨습니다. 여러분도 다른 사람들에게 치유 능력을 보여줄 수 있습니다. 등이 굽어 펴지 못하는 사람이 있으면 여러분이 일으켜 주세요. 자신의 존재를 받아들이지 못하는 사람이 있으면 여러분이 받아들여 주세요. 오늘 여러분의 치유 능력을 사용할 기회가 있었습니까? 여러분은 치유의 힘을 밖으로 발산

합니까? 아니면 응어리진 한과 우울함이 여러분에게서 느껴집니까? 여러분에게서 어떤 것이 발산되는지 오늘 한번 생각해 보세요!

14. 가족치료사 예수

알다시피 예수님은 식구들과 화목하게 지내지 못하셨다. 예수님이 사람들 앞에 나서서 활동한다고 연을 끊은 식구도 있었다. 이런 경험 때문에 예수님은 부모 자식 관계에 대해 당연히 관심을 가지셨다. 그리고 부모에게 상처 받은 자녀들의 문제를 훤히 꿰고 계셨다. 예수님은 최초의 '가족치료사'이었다.

복음서에는 아버지와 딸의 관계(마르 5,21-43 참조), 어머니와 딸의 관계(마르 7,25-30 참조), 아버지와 아들의 관계(마르 9,14-29 참조), 어머니와 아들의 관계(루가 7,11-17 참조)처럼 가족 간의 갈등을 다룬 이야기가 네 편 있다. 예수님은 자식뿐 아니라 부모도 치유하셨다. 그러나 치유하되 비난하지는 않았다. 잘잘못을 가리거나 평가하지 않았다. 부모 자식 모두 자신의 본래 모습을 되찾을 수 있도록 부모와 자식 간의 불행한 관계를 해결해 주셨다.

마르코 복음사가는 아버지가 악령 들린 아들을 예수님께 데려온 이야기를 전해 준다. 악령이 아이를 이리저리 내팽개치자 아이는 바닥에 뒹굴었다. 예수님은 아이가 언제 병에 걸렸는지 물으셨다. "이런 일이 생긴 지 얼마나 되었습니까?"(마르 9,21). 그리고 아들의 병이 아버지의 태도와 관련이 있다는 사실을 바로 알아보셨다. 아버지는 아들의 공격적인 태도와 성性에 두려움을 느낀 나머지 이것을 억압하려고 했다. 그래서 아들은 삶의 두 가지 중요한 에너지를 적절하게 발산할 수 있는 기회를 갖지 못했다. 아들은 이를 악물고 발작을 일으키면서 자신과 아버지에게 몸으로 분노를 표출하면서 억압되어 있던 공격성을 발산했던 것이다. 또 억압된 성 때문에 불 속에 뛰어들어 온몸에 화상을 입기도 했다. 절망에 빠진 아버지는 예수님께 간청한다. "하실 수 있다면 저희를 측은히 여겨 도와주십시오"(마르 9,22). 예수님은 먼저 아버지를 보시고 아들에 대한 믿음이 부족하다고 지적하신다. "'할 수 있다면'이라고요? 믿는 사람에게는 모든 것이 가능합니다"(마르 9,23). 아버지는 자신이 한번도 아들을 믿어 본 적이 없음을 깨닫고 간절히 애원한다. "믿습니다. 제 믿음이 모자라니 도와주십시오"(마르 9,24). 예수님은 아버지가 불안감을 떨쳐 버리고 믿음을 의지하여 홀로 설 수 있게 하셨다. 그리고 아들을 보시며 그의 사고와 감각을 마비시킨 악령에게 말씀하신다. "벙어리요 귀머거리인 영아, 내가 명한다. 아이한테서 나가고 다시는 들어가지 말아라"(마르 9,25). 예수님은 파괴적인 삶의 틀에 갇혀 있는 아들을 구해 내신다. 그리고 아들의 손을 잡고 그의 부활을 함께 축하하신다.

부자관계와 모녀관계의 경우, 예수님은 더러운 악령인 사탄을 몸 밖으로 내쫓아 아들과 딸을 치유하셨다. 부모가 자녀를 독립적인 존재로 여기지 않기 때문에 자녀가 악령에 씌었다는 사실을 인식하신 것이다. 부모는 그 동안 억눌려 있던 자신들의 열정을 자녀를 통해 발산하거나 혹은 충족되지 못한 욕구나 소원을 자녀를 통해 이루려 했다.

아버지가 대학에서 전공하지 못한 학과를 아들이 공부해야 한다든지 어머니가 갖지 못한 직업을 딸이 가져야 한다든지 하는 식이었다.

이런 기대 심리가 더러운 악령처럼, 사탄처럼 자녀의 몸에 드리웠다. 악령은 자녀의 정신을 산란하게 하여 제 모습을 올바로 보지 못하게 했다. 예수님은 이런 자녀들을 악령의 손아귀에서 구하시고 자기 자신을 되찾게 함으로써 치유하셨다.

부녀관계나 모자관계의 경우, 아들딸이 죽고 나서야 비로소 치유가 이루어졌다. 이런 관계에서는 부모의 집착이 너무 강해 죽음이라는 과정을 겪고야 비로소 집착이 사라졌다. 예수님은 이런 과정을 통해 자녀들이 스스로 설 수 있게 하셨다. 회당장 아버지가 있었다. 그런데 이 아버지는 아마 "회당장이라는 직책" 때문에 딸에게 관심을 두지 않은 모양이다. 딸은 아버지의 관심을 끌기 위해 병을 앓고 음식을 거부한다. 아버지는 어쩔 줄 몰라 하며 예수님께 찾아와 부탁한다. "제 어린 딸이 다 죽게 되었습니다. 와서 손을 얹어 주시어, 아이가 구원받아 살도록 해 주십시오"(마르 5,23). 그런데 예수께서 그 아버지와 함께 집으로 가시던 도중 딸이 죽었다는 소식을 들으셨다. 예수님은 먼저 그 아버지에게 말씀하신다. "겁내지 말고 믿기만 하시오"(마르 5,36). 아버지는 두려운 나머지 딸에게 집착하며 붙잡았다. 아버지는 딸을 품에서 놓아 하느님과 딸 자신에게 맡겨야 한다는 사실을 깨달아야 했다. 아버지가 딸에 대한 집착을 버리자 비로소 예수께서 딸의 손을 잡으시고 일으켜 세우셨다. 딸은 일어서서 이리저리 걸어 다녔다. 이제 자신의 길을 갈 수 있게 되었다. 예수님은 딸에게 먹을 것을 주라고 말씀하셨다. 딸은 이제 자신의 소중함을 느끼고 자신을 돌보면서 음식을 먹어야 했다.

예수님은 아버지들과 어머니들을 각각 다르게 치유하셨다. 아버지의 경우, 딸이나 아들을 지나치게 염려하는 데서 문제가 비롯되었다.

그래서 두 아버지에게 믿음을 가지라고 말씀하신다. 아버지로서 자녀의 마음이 올바르다고 믿으면 일일이 통제하거나 규정하려 들지 말고 자녀가 스스로 생각하고 처리하는 법을 배울 수 있도록 믿고 맡겨야 한다. 어머니의 경우, 문제는 자녀에 대한 지나친 염려가 아니라 자식의 요구를 적절하게 거절하지 못하는 데서 생긴다. 예수님은 병든 딸을 치유해 달라고 찾아온 어머니의 요구를 바로 거절하신다(마르 7,24-30 참조). 이방계 그리스인인 이 어머니는 예수께서 거절하시는 것을 보고 자신도 딸의 요구를 거절해도 된다는 사실을 깨닫는다. 그리고 예수님은 죽은 아들 때문에 우는 어머니에게 자신의 모습을 돌아보게 하신다(루가 7,11-17 참조). 아들 때문이라면 이 어머니는 더 이상 눈물을 흘리지 말아야 한다. 이 어머니는 자신을 보살펴야 한다. 그러자 아들이 자리에서 일어나 가슴속에 품어둔 말을 한다. 어머니가 울면서 아들을 움켜잡고 있는 한 아들은 살아나지 못한다.

부모와 자녀들을 대하는 예수님의 모습에서 가정 문제에 정통한 심리상담자의 면모를 엿볼 수 있다. 그분은 부모 자식 간의 왜곡된 관계를 해결해 주셨다. 그리고 아버지들이 지나치게 자식을 염려하고, 어머니들이 자식을 위해 모든 것을 희생하며 자신을 돌보지 않는 것을 보고 이제 자신의 삶을 살라고 말씀하신다.

예수님은 인간관계에서 얻은 우리의 상처를 치유하셔서 우리 자신의 삶을 살 수 있게 해 주십니다. 우리가 우리의 상처를 보듬어 안아야만 자신의 길을 찾고 가슴속에 품은 뜻을 펼치며 살 수 있습니다. 부모 자식 관계에 대한 네 편의 성서 이야기를 보면서 여러분은 부모님과 어떤 관계를 맺고 있는지 생각해 보기 바랍니다.

어떤 문제 때문에 여러분은 감정이 상하고 마음의 상처를 입었습니까? 부모님과의 관계에서 어떤 점이 어려웠습니까? 여러분이 부모님께 물려받은 건강한 뿌리는 무엇입니까? 지금까지 살아오면서 상처도 있고 건강한 뿌리도 있을 텐데 여러분은 어떤 흔적을 좇아 삶을 살아왔습니까? 여러분이 이 세상에 남기고 싶은 삶의 흔적은 어떤 것입니까? 여러분은 부모로서 자녀와 어떤 관계를 유지하고 있습니까? 여러분이 스스로 경험한 일을 다시 반복할 겁니까? 여러분은 혹시 자녀를 소홀히 하거나 자신을 위해 자녀를 이용하지는 않습니까? 여러분이 자녀들에게 남긴 상처를 예수께서 치유하실 수 있도록 자녀들을 예수님 앞에 데리고 가세요. 그래서 그 상처가 보석으로 변하게 만드세요.

15. 구마사 예수

예수께서 가파르나움의 회당에서 말씀을 하시자 사람들의 반응이 대단히 격렬했다. "사람들은 그분 가르침에 무척 놀랐다. 율사들과는 달리 (하느님의) 권위를 지닌 분으로서 가르치셨기 때문이다. 그때 마침 더러운 영에 사로잡힌 사람이 회당에 있다가 외쳤다. '나자렛 사람 예수님, 당신이 우리와 무슨 상관입니까? 우리를 없애러 오셨습니까? 나는 당신이 누구인지 압니다. 하느님의 거룩한 분이십니다'"(마르 1,22-24).

예수님이 하느님께 대해 말씀하시면 사람들은 그 말씀을 듣고 감동해서 그냥 가볍게 받아넘길 수가 없었다. 그분의 말씀은 사람의 몸에서 더러운 영을 끌어냈으며 그분의 말씀을 들은 사람은 자신의 본모습을 드러내고 정체를 밝히지 않을 수 없었다. 또한 그 사람의 몸속에 있는 사탄들이 들고일어났다. 그런데 원래 하느님의 모상을 닮은 그의 모습은 악령에 사로잡혀 몹시 일그러져 있었다. 자신을 위해 하느님을 이용하려는 우리의 속셈이 여기서 드러난다. 우리가 생각하는 하느님의 모습이 하느님과 실제로 일치해야 한다. 그런 면에서 예수께서 하느님에 관해 말씀하시면 우리가 만들어 놓은 잘못된 하느님의 모습이 꼼짝없이 드러나고 만다. 우리의 잘못된 시각이 백일하에 그 모습을 드러낸다. 또한 우리 안에 둥지를 틀고 있는 더러운 영이 들고일어난다. 더러운 영은 우리 마음속에 있는 하느님의 모습을 어지럽히고 자아의 모습을 더럽혀서 우리 자신의 모습을 올바로 보지 못하게 한다. 억압된 열정과 욕구로 혼탁해진 안경을 통해 우리는 모든 것을 바라보는 것이다. 우리는 바르게 봐야 한다는 자극을 받지만 그것을 거부한다. 올바로 보면 마음 편하지 않고 지금 편히 누리고 있는 안정감이 흐트러진다고 생각하기 때문이다.

요즘 말로 표현하면 더러운 영은 강박, 고정관념, 콤플렉스, 감정의 혼란과 차단, 명석한 사고력의 결여, 내면 분열상태 등이다. 예수께서 하느님에 대해 말씀하실 때 불만을 표시하며 소리를 지르는 사람들이 있었는데 나도 그 비슷한 일을 겪은 적이 있다. 강연 중에 하느님의 자비에 대해 이야기하면 대뜸 공격적인 반응을 보이는 사람들이 간혹 있다. 어떤 사람은 나더러 지옥에나 가라고 말을 한다. 그 사람이 왜 그렇게 나를 드세게 공격하는지 이해할 수 없다. 내가 그 사람한테 싫은 소리 한 마디 하지 않았는데 말이다. 틀림없이 그 사람 속에 있는 더러운 영이 말을 했을 것이다. 더러운 영은 말하자면 억압된 공격성, 무의식적 증오감, 맺힌 한과 불안이다.

예수께서 가파르나움의 회당에서 하느님에 대해 말씀하실 때도 도덕적 훈계를 하거나 위협하거나 마음에 상처를 입히지 않았다. 그런데 하느님을 일종의 "안전장치"로 생각하면서 악용하는 사람이 분명히 그 회당에 있었던 모양이다. 그는 자신이 하느님을 믿지 않는 사람과 다르다는 생각을 하면서 우월감을 가지려고 회당에 온 사람이다. 그는 하느님을 자기 목적에 이용했다. 그런데 예수께서 하느님을 자기 목적에 이용해서는 안 된다고 말씀하신 것이다. 예수님의 말씀을 들으면 내가 하느님의 뜻을 따르는지 아니면 하느님을 나에게 맞추려고 끌어내리는지 밝혀진다.

　　예수님은 더러운 영과 말씨름하면서 일일이 대꾸하지 않고 그 자리에서 명령을 내리셨다. "잠자코 떠나가라"(마르 1,25). 예수님은 더러운 영에게 자비를 베풀지 않고 내쫓아 버리셨다. 그리고 더러운 영에 사로잡혀 있던 남자를 구해내시자 그 남자는 다시 분명하게 생각할 수 있게 되었다. 더러운 영은 남자를 다시 이러저리 내팽개치다가 큰 소리를 지르며 떠나갔다.

　　사람들은 의아하게 생각했다. "권위 있는 새로운 가르침이다. 저분이 더러운 영들에게 명령하니 그들도 복종하는구나"(마르 1,27). 하지만 율사들은 이 새로운 가르침을 인정하지 않았다. "'그가 베엘제불에 사로잡혔다'느니, '귀신 두목의 힘을 빌려 귀신을 쫓아낸다'느니 하였다"(마르 3,22). 여기서 율사들은 당황하는 모습을 애써 감추려 한다. 더러운 영이 자기 안에 있는데 그들은 마치 예수님이 더러운 영에 사로잡힌 것처럼 말했다. 하지만 예수께서 하느님에 대해 말씀을 하시면 더러운 영들은 어김없이 제 모습을 드러냈다. 예수님의 말씀을 가슴 깊이 새기는 사람은 하느님과 자기 자신을 올바로 볼 수 있고 그 말씀을 통해 진정한 삶의 길을 체험하게 된다.

예수님의 말씀을 듣거나 예수께서 더러운 영을 쫓아낸 이야기를 들으면 여러분 안에서 어떤 더러운 영들이 들고일어납니까? 여러분 안에서 더러운 영과 같은, 즉 보복의 하느님, 자의적인 하느님, 업적을 중시하는 하느님 등과 같은 하느님의 모습들이 들고일어나나요?

　　여러분의 생각을 어지럽히는 더러운 영이 여러분 안에 있습니까? 여러분의 자아의 모습은 올바른 것입니까? 아니면 본래의 모습과 전혀 다른 모습을 덮어쓰고 있지는 않습니까? 주위의 사람들을 볼 때 무엇이 여러분의 눈을 어지럽힙니까? 여러분은 어떤 안경을 쓰고 있습니까?

예수님은 무의식의 은신처 속에 숨어 있는 더러운 영을 밖으로 끌어냅니다. 무엇이 여러분 속에 계시는 예수님을 나오게 합니까? 언제 예수께서 여러분을 안절부절못하게 하고 불안하게 만드십니까?

16. 유령 예수

예수님은 빵 다섯 개로 진종일 당신 말씀을 듣고 있던 5,000명을 먹이셨다. 기적을 베푸신 다음 제자들에게 배를 타고 강 건너편 베싸이다로 가라고 재촉하셨다. 헤로데 왕이 보낸 정탐의 눈길을 피하기 위해서였다. 예수님은 헤로데 왕이 기적을 보고 사람들이 열광하는 것을 빌미로 제자들을 박해할 수 있다는 점을 염려하셨다. 제자들이 강 건너편으로 안전하게 몸을 피하자 예수님은 기도하러 산으로 들어가셨다.

늦은 저녁 제자들은 배를 타고 호수에 나갔다. 겐네사렛 호수에는 매섭고 차가운 동풍이 불곤 했다. 이날도 갑자기 맞바람이 불어 노를 저을 수가 없었다. 마침 홀로 산 위에서 기도하시던 예수께서 이 광경을 보고 제자들에게 오셨다. "바람이 마주 불어와서 제자들이 노를 젓느라고 몹시 고생하는 것을 보시고 예수께서 밤 사경에 호수 위를 걸어 그들에게로 가셨다. 그리고 곁을 지나쳐 가시려는데 제자들이 예수께서 호수 위를 걸으시는 것을 보고 유령인 줄로 생각하여 비명을 질렀다. 모두들 질겁을 했기 때문이다. 예수께서 곧 말을 걸어 '힘내시오. 나요. 겁내지 마시오' 하셨다. 그리고 와서 배에 오르시니 바람이 그쳤다. 제자들은 몹시 질려 넋을 잃었다"(마르 6,48-51).

마태오 복음사가는 베드로가 예수님의 말씀에 용기를 얻어 "배에서 내려 물 위를 걸어 예수께 갔다"는 이야기를 추가로 덧붙였다.

이날 밤에 정말 무슨 일이 일어났는지 우리는 정확히 알 수 없다. 분명한 것은 제자들이 유령 같은 예수님의 모습을 아주 생생하게 목격했다는 사실이다. 우리는 이 사건을 상징적으로만 해석하려는 태도를 버려야 한다. 제자들은 밤에 배를 타고 호수를 건너면서 온갖 위험을 겪었다. 그런데 그날 밤 제자들은 예수님과 특별한 만남을 가지면서 불안감을 떨쳐 버렸다. 그때 제자들이 체험한 일은 오늘 우리에게도 희망이 된다. 예수님을 기적을 일으키고 자연법칙마저 바꾸는 분으로 여기는 것은 바람직하지 않다. 그렇다면 우리는 예수님을 비현실적이고 초자연적인 존재로 생각했을 것이다. 밤에 호수 위를 걸으셨던 예수님은 나의 밤에도 걸어오신다. 그분은 내가 삶의 폭풍을 만나 물에 빠질 때도 내게 걸어오신다.

폭풍이 일어나는 밤바다는 무의식에서 일어나는 밤의 폭풍을 상징한다. 또한 삶의 모든 '안전장치'가 고장 났을 때, 일자리를 잃었을 때, 결혼이 파경에 이를 때, 병 때문에 생활 기반을 잃을 때, 우리에게 몰아치는 폭풍을 상징한다. 밤 사경은 무의식이 자주 출렁이는 중년의 위기를 암시한다. 우리가 서 있는 땅이 흔들리기 시작한다. 알 수 없는 무언가가 우리 안에 들어와 우리를 위협한다. 우리가 불안감에 싸여 있으면 우리도 예수님을 알아보지 못한다. 제자들은 그날 밤 예수님이 유령이라고 생각했다. 그들은 예수님의 모습을 보고 두려워하며 비명을 질렀다. 밤에 예수님은 항상 자애롭고 자상한 모습으로만 나타나시지는 않는다. 우리는 예수님의 또 다른 모습을 보게 된다. 예수님은 유령의 모습으로 나타나 우리를 놀라게 하신다. 우리는 그분을 이해하지 못한다. 그분이 누구인지 알지 못한다.

우리가 두려워하며 안절부절못할 때 예수께서 말씀하신다. "힘내시오. 나요. 무서워하지 마시오"(마태 14,27). 우리는 믿음을 주는 예수님의 말씀 한마디만 듣고도 베드로처럼 안전한 배에서 내려 물 위를 걸으려고 할 것이다. 하지만 내면의 폭풍을 의식하는 순간 곧바로 물 속에 빠지게 된다. 예수님은 오늘 밤에도 우리에게 나타나신다. 꿈속에도 나타나신다. 그러나 우리는 그분을 알아보지 못하는 경우가 너무 많다. 꿈속의 그분은 친근한 모습이 아니다. 유령이나 허깨비의 형상으로, 때로는 우리를 쫓아오는 무서운 사람으로 나타나기도 한다. 하지만 우리가 그분께 다가가 말을 걸면 그분은 우리를 보호하시고 함께 길을 가시고 우리에게 힘과 믿음을 주신다.

우리는 혼자가 아니다. 예수님은 어디든 우리와 함께 가신다. 물 위든, 도달할 수 없는 곳이든 우리와 함께 가신다. 그분은 삶의 한밤중에 우리와 함께 가신다. 나는 이런 예수님을 체험하며 용기를 얻는다. 예수님의 이런 모습을 우리는 모르고 살았다. 그러나 예수님은 "나요"라고 말씀하시면서 당신이 누군지 알려 주신다. "나요"라는 이 말씀에는 하느님께서 모세에게 하신 말씀 ─ "나다. 나는 곧 나다" ─ 과 같은 계시가 담겨 있다. 예수님 안에 하느님 친히 계시다. 나는 고난을 당할 때마다 예수께서 구해 주시리라 믿는다.

여러분이 타고 있는 배는 어떻습니까? 여러분이 타고 있는 배가 지금 폭풍을 맞고 있습니까? 어떤 폭풍에 여러분이 흔들렸습니까? 배에 탄 제자들의 상황을 상상하면서 여러분의 현재 상황과 어떤 점에서 비슷한지 생각해 보세요. 그리고 여러분의 밤에 예수님을 모시고 여러분이 타고 있는 배에 오르게 해 보세요. 어쩌면 여러분이 먼저 좁은 배에서, 폭풍 속에서도 온 힘을 다해 앞으로 저어 가려는 자아의 배에서 내려야 할 것입니다. 어쩌면 여러분의 배에서 하느님을 외면하고 자신의 힘만 믿다가 위기를 맞을 수도 있을 겁니다. 예수께서 여러분의 배에 타시면 평화가 이루어지고, 여러분은 믿음을 가지고 인생의 파도를 헤치며 항해를 계속해 나갈 것입니다.

17. 야성의 사나이 예수

미국 프란치스코회 리처드 로어 수사의 작품 중에 『야성의 사나이』라는 베스트셀러가 있다. 로어 수사는 남성의 정체성을 찾으려 애쓰는 남자들을 대상으로 많은 강연을 했다. 그는 강연에서 많은 미국 남자들이 사회에 순응하는 무력한 존재라고 진단하고, 그들에게 야성적인 남성상을 제시했다.

야성의 사나이는 순응하지 않는다. 자유롭고 힘이 넘치며 자신감이 있다. 그는 남자들이 사나이로 새로 나도록 도와준다. 야성의 사나이는 '마초'가 아니다. 그에게는 아니마, 즉 여성성도 있다. 그는 자신의 남성다움을 여성을 적대시하는 데 쓰지 않고 여성들을 생명과 풍요의 원천으로 존중할 줄 안다. 내가 예수님을 야성의 사나이라고 말할 수 있는 것은 바로 이런 대극對極을 보기 때문이다. 캔터베리의 안셀무스는 예수님을 "우리 어머니"라고 불렀다. 그리고 초기 그리스도교 기도서를 보면 예수께서 여인의 모습으로 성녀 프리실라에게 나타나 계시하셨다고 한다. 초기 그리스도교의 서간인 토마스서에는 "다양한 형상을 지니신 예수님"이라는 말이 나온다. 예수님은 야성의 사나이였지만 여성적인 면도 가지고 계셨다. 자칫하면 예수님의 한쪽 면만 부각될 위험이 있다.

예수님의 남성성은 종종 거세되곤 했다. 19세기 초 나자렛 파의 낭만주의 미술은 예수님을 무성無性의 존재로 묘사했다. 이들 그림에는 예수님의 남성력이 결여되어 있다. 그러나 성서에는 예수님의 힘찬 모습이 두드러지게 나타난다. "야성의 사나이" 예수님의 면모를 볼 수 있는 좋은 예는 마르코 복음 3장 1-6절에 나온다. 예수님의 말씀을 듣는 사람들 중에 "한쪽 손이 오그라든"(마르 3,1) 남자가 있었다. 그는 자신감이 없었다. 일을 하다 잘못될지 모른다는 두려움 때문에 정작 일해야 할 손을 오그리고 있었다. 그는 자기 손으로 삶을 꾸리고 이리저리 가꾸어 보겠다는 생각을 포기했다. 우리는 손을 내밀어 관계를 맺는다. 그는 주위 사람들에게 손을 내밀지 못했다. 그는 사람들과 관계 맺지 않았고 그럴 능력도 없었다.

바리사이들이 둘러서서 예수께서 안식일에 치유하시는지 지켜보고 있었다. 율법에 따르면 안식일에는 생명이 위독한 경우에만 치유할 수 있고, 그 남자가 앓고 있는 병처럼 가벼운 병은 치유할 수가 없었다. 예수님은 바리사이들의 시선에 괘념치 않으셨다. 도리어 손이 오그라든 남자에게 "일어나 가운데로 나오시오"(마르 3,3)라고 말씀하셨다. 구석 자리에서 나와 자신이 있어야 할 자리, 즉 한가운데 서라는 말씀이었다. 다른 사람들 앞에 떳떳이 나서라는 뜻이었다. 그리고 자신이 한가운데 있어야 하는 존재라는 사실을 깨달으라는 가르침이었다.

그러고 나서 바리사이들에게 말씀하셨다. 바리사이들을 두려워하지 않고 질문하셨다. "안식일에 선한 일을 해야 됩니까, 악한 일을 해야 됩니까? 목숨을 구해야 합니까, 죽여야 합니까?"(마르 3,4). 굉장히 민감한 질문이었다. 말하자면 편협한 안식일 규정을 엄격하게 지키다 보면 하느님의 뜻을 이루기는커녕 나쁜 일을 하지 않겠느냐는 예수님의 뜻이 이 질문에 담겨 있었다. 예수님은 도리어 어려움에 처한 사람을 못 본 체 그냥 지나가는 행동이 잘못이라고 생각하셨다. 하느님의 계명을 지킨다는 알량한 명분으로 병든 사람을 도와주지 않고 그냥 지나친다면 생명을 파괴하는 것이며 생명에 기여하는 것이 아니라 죽음에 기여하는 것이라는 말씀이었다.

예수님은 바리사이들을 한 사람씩 모두 둘러보셨다. 바리사이들은 뒤로 물러섰다. 그들은 침묵의 벽을 치고 그 뒤로 숨었다. 예수님은 "노기를 띠고 둘러보신 다음 그들 마음이 완고함을 슬퍼하시며"(마르 3,5) 바리사이들을 바라보셨다. 분노하는 모습에서 예수님이 바리사이들과는 전혀 다른 분임을 알 수 있다. 예수님이 자제력이 없어 화를 낸 것이 아니다. 바리사이들과 다른 생각을 가지고 있고 그들의 영향을 받지 않는다는 사실을 분노를 통해 표출하신 것이다. 예수님은 화난 표정으로 바리사이들을 한 사람씩 보며 말씀하셨다. "당신은 당신이 원하는 대로 살 수가 있습니다. 그러나 그것은 당신의 문제입니다. 당신은 완고하고 무심하게 살 수 있습니다. 하지만 그것은 당신의 문제입니다. 나는 내 마음에 따라 행동합니다. 나에게 명령하려 들지 마십시오. 당신은 당신이고 나는 나입니다. 내가 무엇을 할 수 있고 무엇을 해서는 안 되는지 당신이 일일이 지시하려고 들지 마십시오."

예수님은 화를 내기도 하지만 슬픈 표정을 짓기도 하신다. 그리스 원문에 있는 "실리포우메노스"라는 말은 '공감하는', '동감하는', '함께 슬퍼하는'이라는 뜻이다. 예수님은 바리사이들에 공감하신다. 또한 그들의 마음이 얼어붙어 있다는 것을 느끼신다. 그래서 그분은 슬

프다. 예수님은 바리사이들과 함께 슬퍼하고 그들을 이해하신다. 그
리고 슬퍼하시며 그들에게 손을 내밀어 그들과 맺은 연을 끊으려 하
시지 않는다. 하지만 그들은 그분이 내미는 손을 잡지 않는다. 그들
은 그렇게 변함없이 냉혹하고 완고했다. 예수님은 그들에게 좋은 제
안을 하지만 이것마저도 받아들이지 않았다. 그래서 예수님은 당신
생각대로 행동하신다. 결국 그 남자에게 "손을 펴시오' 하셨다. 그가
손을 펴자 손이 다시 성해졌다. 바리사이들은 밖으로 나가서 곧바로
헤로데 도당과 함께 모의하여 예수를 없애 버리기로 했다"(마르 3,5-6).
예수께는 병들고 기죽은 사람의 목숨이 당신 목숨보다 소중했다. 이
남자의 생명을 치유하기 위해 당신 생명을 건 것이다.

　병든 사람의 삶을 위해 자신의 삶을 송두리째 내놓는 예수님의 모
습에서 야성적 사나이의 위대함을 본다. 그러나 예수께서 예견하신
대로 바리사이들은 그분을 죽이기로 작정했다. 그들의 마음은 죽었
고 그래서 생명을 가져다주시는 분을 죽이려고 했다. 그들은 자신들
의 신앙이 냉혹하고, 생명을 치유하기는커녕 죽인다는 것을 보여주
었다. 바리사이들에 대해 탄식하실 때도 야성의 사나이 예수님의 면
모를 볼 수 있다. 예수님은 거침없이 말씀하신다. 입에서 말씀이 힘
차게 솟구쳤다. "불행하도다, 당신네 율사와 바리사이 위선자들! …
불행하도다, 당신네 눈먼 길잡이들! … 불행하도다, 당신네 율사와
바리사이 위선자들! 겉은 아름답게 보이지만 속은 죽은 자의 뼈와 온
갖 더러움이 가득 찬 회칠한 무덤과 같구려"(마태 23,15-27).

　예수님은 듣기 좋은 말씀만 하지 않았다. 느낀 대로 말씀하셨다.
때로 그분의 말씀은 힘이 넘치고 분노로 가득하다. 하지만 그분의 분
노는 개인적인 모욕감에서 나온 것이 아니다. 그 분노는 하느님의 모

습을 왜곡하는 행위와 종교적 악습, 편협한 신앙심에 대한 거룩한 분노였다. 예수님은 사람의 내면에 있는 진리를 겉으로 드러내기 위해 충격적인 말씀으로 자극을 주신다.

마르코 복음 3장 1-6절의 장면을 여러분의 인간관계에 대한 상징으로 생각해 보세요. 여러분이 직장 동료 때문에 화가 날 때 이런 말을 한다고 상상해 보세요. "당신은 당신이고 나는 납니다. 당신은 당신 뜻대로 하셔도 좋습니다. 당신이 하시는 것을 나무라지는 않겠습니다. 하지만 나는 내가 하고 싶은 대로 합니다. 나는 나고 당신은 당신입니다." 그런 다음 예수님처럼 동료의 심정을 마음으로 느껴 보세요. 동료의 심정이 어땠을까요? 무엇 때문에 괴로워했을까요? 무엇 때문에 그 동료가 그렇게 행동했을까요?

여러분은 분노와 슬픔, 공격성과 다정함, 야성과 온유, 이 두 면을 마음속에 다 가지고 있습니까?

18. 이방인 예수

예수님은 비유 말씀을 하시면서 넌지시 당신의 이야기를 하신다. 그 중에서 내가 가장 멋있게 생각하는 예수님의 모습은 「착한 사마리아 사람 이야기」에 나오는 사마리아 사람의 모습이다. 어떤 사람이 예루살렘에서 예리고로 내려가다가 길에서 그만 강도를 만났다. 옷가지며 돈이며 가진 모든 것을 강도에게 털렸다. 게다가 폭행을 당해 실신한 채 쓰러져 있었다. 그 남자는 고통을 느끼며 몸을 웅크리고 흙바닥에 누워 있었다. 그런데 마침 한 제관이 그 길로 내려가다가 그를 보고는 피해 지나갔다(루가 10,31 참조). 레위 사람도 마찬가지였다. 그러나 외국인이고 유다인들에게 멸시를 받는 사마리아 사람이, 말하자면 '사회에서 천대받는 사람'이 길에 쓰러진 남자를 보고 측은하게 여겨 기름과 포도주를 상처에 붓고 천으로 싸매 주었다. 그리고 그 사람을 자기 짐승에 태워 객사로 데리고 갔다. 예수님은 「착한 사마리아 사람 이야기」를 통해 당신 자신의 모습을 말씀하신다.

예수님은 이방인이었다. 전형적인 경건한 유다인이 아니었다. 유다인들에게 멸시받는 갈릴래아 지방 출신이었다. 갈릴래아 지방에 이주해 온 이방 부족들은 이스라엘 백성과 섞여 함께 살고 있었다. 따라서 갈릴래아 지방 사람들은 순수한 유다인이 아니었다. 사마리아 사람들은 갈릴래아 사람들보다도 유다인들에게 더 천대를 받았다.

사마리아 사람들은 이스라엘 사람들이 아시리아로 끌려간 후 사마리아로 이주해 온 아시아계 후손이었다. 그 후 그들은 야훼 신앙을 받아들여 예루살렘의 성전이 아닌 가리짐 산에서 야훼를 흠숭했다. 예수님은 당신이 사마리아 사람과 같은 처지라고 생각하셨다. 그분은 우리가 익히 아는 순수 유다 지방이 아닌 다른 지방 출신이었다.

강도를 만나 물건을 모두 빼앗기고 구타를 당해 실신한 채 길거리에 쓰러져 있는 사람, 예수님은 여자든 남자든 이런 사람들의 모습에서 우리의 모습을 보신다. 우리는 삶의 역경에 상처 입고 있다. 우리는 부모에게 입은 상처 때문에 많은 고통을 겪었다. 사람들은 우리를 강탈하고 착취했다. 우리는 사람들에게 모든 것을 다 주었다. 이제 가진 것이라고는 몸뚱이밖에 없다. 우리는 흙먼지를 뒤집어쓰고 쓰러져 있다. 우리는 이제 일어설 수가 없다. 그리스어로 '인간'이라는 말은 '안트로포스'인데 '무언가를 위로 들어 올리다', '높이 올리다'라는 뜻이다. 우리의 삶은 우리가 똑바로 서서 걷지 못하게 만들었다. 이제 우리가 다시 땅을 딛고 일어서기 위해서는 다른 사람들이 베푸는 동정의 손길에 의존해야 한다. 종교지도자와 제관은 못 본 척하며 우리 곁을 지나갔다. 예수님은 예루살렘에서 예리고로 내려가는 사마리아 사람, 즉 이방인이다. 루가 복음사가는 하늘에서 내려와 우리가 살고 있는 곳으로, 우리를 방문하러 오시는 하느님의 나그네로 예수님을 묘사한다. 그리스어로 '방문하다'라는 말은 '에피스케프테인'이다. 그 뜻은 '무언가에 눈길을 돌리다', '무언가를 위에서 쳐다보다', '살펴보다'이다. 말하자면 예수님은 우리가 어떻게 살고 있는지 살펴보시기 위해 하늘에서 내려오신다. 우리를 보고 계시다가 우리가 강도를 당해 상처를 입고 길거리에 쓰러져 있는 것을 보신다. 독일어로 '찾는다'suchen라는 말은 원래 사냥꾼들이 쓰는 말이다. 예수님은 내가 어떻게 지내는지 보려고 흔적을 더듬어 오신다. 그리고 내 흔적을 따라오시며 내가 현재 처한 상황을 찾아내신다. 내가 상처를 입고 쓰러져 있을 때 예수님은 제관이나 레위 사람처럼 내 옆을 그냥 지나치지 않는다. 그분은 측은한 마음으로 허리를 굽혀 나를 보시고 내 상처에 기름과 포도주를 부어 주신다.

메시아이자 기름부음을 받은 분, 예수께서 우리의 상처에 기름을 발라 주신다. 기름은 예수님의 치유능력을 상징한다. 포도주는 그분 사랑의 상징이다. 예수님은 우리 상처를 싸매 주시고 우리를 일으켜 세워 당신께서 타고 가던 나귀 등에 태우신다.

반 고흐는 착한 사마리아 사람을 멋지게 그렸다. 그의 그림에서는 사마리아 사람의 힘겨움이 느껴진다. 사마리아 사람은 안간힘을 다해 다친 사람을 자기 나귀에 태운다. 교부들은 예수께서 우리를 들어 올려 십자가에 똑바로 세우기 위해 우리와 우리의 고통을 당신의 어깨에 짊어지는 것이라고 이 장면을 해석했다. 예수님은 십자가에서 꼿꼿한 자세로 죽으셨다. 정신분열증에 몹시 시달렸던 반 고흐는 흙바닥에 쓰러져 있는 사람을 일으켜 세우는 것이, 흡사 아담처럼 그 사람을 흙에서 들어 올려 새롭게 창조하시는 것이 예수님께 어떤 의미가 있는지 그 누구보다도 잘 알고 있었다.

이 비유는 예수님의 아름다운 자화상이다. 이 자화상은 '꾸밈없는 감수성'(Klaas Huizing의 표현)을 지닌 예수님의 모습을 보여준다. 예수님 공생활 이후 2천 년의 세월이 지나는 동안 이 자화상은 수많은 사람들을 감동시켜, 강탈당하고 부상당한 사람들, 무시당하고 천대받는 사람들을 돌보고 그들을 등에 업게 만들었다. 마더 데레사 수녀는 이 비유에서 힘을 얻어 위정자와 종교지도자들이 보살피지 않은 캘커타 거리의 사람들에게 다가갔다. 데레사 수녀의 모습에서 우리 시대의 예수님 모습이 빛나고 있다.

그러나 많은 사람들이 착한 사마리아 사람의 모습에서 지나친 부담을 느끼고, 평생 상처 입은 사람들을 지고 다녀야 하는 게 아닌가 생각했다. 예수님은 우리에게 더 인간적인 모습을 보여주신다. 상처 입은 사람을 가까운 객사로 데리고 가서 그곳에 내려놓는 것으로 족하다. 그러면 하느님을 상징하는 그 객사의 주인이 그 사람을 돌볼 것이다. 예수님은 우리를 등에 업어서 들어 올린 다음 십자가 위에 똑바로 세우고 우리가 다시 우리의 길을 갈 수 있게 하신다. 우리는 가까운 객사까지만 데리고 가면 된다. 우리가 모든 상처를 치유할 수는 없다. 부상당한 사람이 다시 건강해질 수 있도록 얼마간 데리고 가다가 하느님께서 치유하시는 장소에 내려놓으면 된다.

무엇이 여러분에게 상처를 주고 강탈을 했습니까? 언제 여러분은 빈사 상태로 길거리에 쓰러져 있었습니까? 예수께서 여러분에게 다가와 상처에 기름과 포도주를 부으시는 모습을 상상해 보세요. 예수께서 여러분을 일으켜 주실 터이니 가만히 계십시오.

예수님은 사마리아 사람의 모습을 보여주면서 그 사람처럼 행동하라고 말씀하십니다. 여러분의 인생길에도 부상당하고 강탈당한 사람들이 쓰러져 있었습니까? 오늘 여러분은 누구에게 다가갑니까?

19. 빵 예수

하인리히 뵐은 소설 『그리고 아무 말도 하지 않았다』에서 세 아이를
데리고 단칸방에서 사는 보그너 가족의 가난한 생활에 대해 이야기
한다. 작품에서 보그너 가족의 가난한 삶과 자식이 없는 프랑케 가족
의 부유한 생활이 서로 대비되고 있다. 프랑케 부인은 가톨릭 교회
단체 회장직을 맡고 있으며 매일 아침 미사에 참례해서 영성체를 한
다. 그러나 그녀는 케테 보그너와 프레트 보그너 부부의 가난한 생활
에 전혀 관심을 갖지 않는다. 오히려 보그너 부부를 업신여긴다. 프
랑케 부인이 영성체하는 모습과는 달리 케테 보그너 부인은 겸허하
게 성체를 영한다. 전후 가난했던 시절 케테 보그너 부인은 자신과
자식들의 양식이 되는 이 빵의 가치를 잘 알고 있었다. 작가 뵐은 이
빵을 어떤 마술적인 의미가 있는 상징으로 보았다. 예수님의 말씀은
케테 보그너 부인에게 마음의 위안이 되고 가난 속에서 매일 양식이
되었다. 예수님은 바로 이런 일상의 빵과 같은 분이시다.

우리가 굶주릴 때 먹고 싶은 것, 우리의 양식이 되는 것이 빵이다. 그
걸 먹어야 살 수 있다. 빵은 우리가 일상을 영위할 수 있도록 힘을 준
다. 사막을 유랑하던 시절, 유다인들은 굶주림에 지쳐 빵이 간절했
다. 그때 하느님께서 손수 그들에게 빵을 내려주셨다. 하늘에서 만나
를 내려주셨다. 유다인들은 사막을 헤매면서 이 만나로 배고픔을 달

랬다. 예수님은 당신이 바로 우리의 배고픔을 달래주는 빵이라고 말씀하신다. "내가 생명의 빵입니다. 내게로 오는 이는 결코 배고프지 않을 것이고"(요한 6,35). 예수님의 이런 주장은 당시 유다인들을 자극시켰다. 예수님은 당신을 "빵"이라는 인격체로 지칭하셨다. 우리의 극심한 굶주림을 달랠 수 있다는 뜻으로 말씀하신 것이다. 뵐의 소설에 등장하는 케테 보그너 부인 같은 여자는 이 말뜻을 이해한다. 그녀는 예수님이 가난한 삶을 사는 자신에게 희망을 밝혀 줄 분이라는 사실을 안다. 그녀는 성당의 지루한 강론에 감동을 받지 못하지만 "사방에 울려 퍼지는, 걸걸한 목소리의 한 흑인의 노래에" 감격한다. "그리고 그는 아무 말도 하지 않았네. …"

　예수님은 빵이신 당신과 이스라엘 백성이 그 옛날 광야에서 먹었던 만나를 비교하신다. 이스라엘 백성은 만나를 먹었지만 죽었다. "그러나 이것은 하늘에서 내려오는 빵이니 이것을 먹는 이는 죽지 않을 것입니다. 나는 하늘에서 내려온 살아 있는 빵입니다. 이 빵을 먹으면 영원히 살 것입니다. 그리고 내가 줄 빵은 세상의 생명을 위해 주는 내 살입니다"(요한 6,50-51). 예수님은 사막 한가운데서 우리를 먹여 살리시겠다고 말씀하신다. 가난의 사막에서, 내적인 공허감의 사막에서, 감정의 혼돈 속에서 예수님의 말씀은 우리 끝없는 유랑 길의 양식이 된다. 케테 보그너 부인은 이를 체험했다. "내가 뜬눈으로 자리에 누워 눈물 흘리면, 세상이 고요해지면, 가끔 내 몸이 사방으로 스며드는 듯한 느낌이 들었다. 모든 것이 아무래도 상관 없었다. 집, 먼지, 가난도. 더구나 당신의 부재도 내겐 아무렇지 않았다." 그녀가 예수님 말씀에 감동하고 예수님의 현존을 느끼면, 사막 한가운데서도 빵을 먹고 죽음 한가운데서도 생명을 체험한다.

예수님은 당신이 나누어 주시는 빵과 세상의 생명을 위해 내주시는 당신의 육신이 같은 것이라고 말씀하신다. 그분은 무기력하게 십자가 위에 매달려 우리의 양식인 빵이 되신다. 죽은 사람이 산 사람의 양식이 된다. 정말 엄청난 역설이다. 하지만 이런 역설은 우리의 경험과도 일치한다. 예수께서 십자가 위에서 그러셨듯이, 누군가가 우리에게 조건 없이 헌신할 때 우리는 사는 힘을 얻을 것이다. 그것은 온갖 고난 속에서도 우리에게 양식이 될 것이다. 예수님은 십자가 위에서 불가마에서 몸이 타는 듯한 고통을 당하셨다. 그분이 우리를 위해 빵이 된 것은 사랑 때문이었다. 우리는 늘 사랑하고 싶고 사랑받고 싶은 열망을 느낀다. 요한 복음사가가 복음에서 표현하듯, 십자가 위에서 우리를 아낌없이 사랑하신 예수님이 우리의 이런 열망을 채워 주신다. 그분은 조건 없는 사랑으로 우리의 빵이 되시고, 이 빵은 사랑에 목마른 우리에게 양식이 된다.

애정결핍을 메우기 위해, 분노와 실망을 잊기 위해 닥치는 대로 먹는 사람들이 많다. 그래 봐야 아무 소용없다. 삶과 사랑에 대한 굶주림은 끊임없이 엄습한다. 예수님은 당신을 따르는 사람은 두 번 다시 배고프지 않을 거라고 말씀하신다. 예수님께 조건 없이 사랑받고 있다고 생각하는 사람은 자신의 공허감을 채우려고 지나치게 음식을 탐하지 않는다. 예수님은 빵이 되셔서 우리를 먹여 살리겠다고, 말로만 하시지 않았다. 이 말씀에 대한 징표로 성체를 주신다. 우리를 위해 바치신 당신의 몸을 빵을 통해 내주신다. 성찬의 빵은 십자가 위에서 아낌없이 우리에게 베풀어 주신 사랑의 징표다. 우리가 영성체를 통해 몸이 되신 사랑을 먹음으로써 예수님이 우리의 배고픔을 달래는 빵이시라는 사실을 깨닫는다. 예수님은 말씀하신다. "내 살을

먹고 내 피를 마시는 이는 영원한 생명을 얻습니다"(요한 6,54). 영원한
생명이란 죽음 이후의 삶을 뜻하는 것이 아니다. 순간과 영원의 구분
이 없고 하늘과 땅이 서로 맞닿아 하느님과 인간이 서로 하나 되는
그런 삶을 뜻한다. 가끔 나는 성체를 받아 모실 때 모든 것이 하나 되
는 경험을 한다. 나는 지금 노정에서 이미 목적지에 와 있다는 느낌
을 받는다. 내 몸속에는 하느님의 무한한 사랑이 흐르고 있다. 내 안
의 참삶은 이제 하느님의 생명과 하느님의 사랑이 충만해서 죽음으
로도 파괴되지 않는 영원한 삶이다.

무엇이 여러분의 진짜 양식입니까? 여러분은 무엇으로 삽니까? 자유를
향한 노정에서 여러분에게 힘을 주는 것은 무엇입니까? 여러분의 가장 절실
한 배고픔과 가장 깊은 그리움은 무엇입니까? 여러분의 배고픔은 무엇으로
채우며 여러분의 공허감은 또 무엇으로 채웁니까?

성체를 받아 모실 때 어떤 경험을 했나요? 영성체를 하면서 예수님이 하
늘에서 내려오는 빵이라는 체험을 한 적이 있습니까? 성체를 모실 때 여러
분은 어떤 생각을 하십니까? 그리스도의 몸을 받아 모실 때 한 체험 중에서
가장 절실했던 것은 무엇입니까?

20. 생명의 물 예수

사막을 횡단하는 사람에게 물은 생명과 해갈과 원기회복의 총화다. 많은 종교에서 물은 육체와 정신을 정화·쇄신하는 힘을 상징한다. 물은 겉 먼지만 씻는 것이 아니다. 우리 본연의 순수한 모습을 가리고 있는 모든 혼탁함을 씻어낸다. 마시면 젊어진다는 청춘의 샘물에 관한 동화도 있다. 여기서 물은 정신적 생식력을 상징한다. 맑은 물이 솟는 샘은 마르지 않는 정신적·영적 에너지의 상징이다.

예수님 시대에 유다인들은 축제를 열어 물의 신비를 기념했다. 이 축제가 바로 과월절로부터 6개월 뒤에 지내는 초막절이다. 초막절은 원래 추수감사제로 들판에서 천막을 치고 축제를 지냈다. 밤중에 불을 지펴서 이스라엘 백성이 이집트에서 나올 때 밝혔던 불기둥을 기념했다. 그리고 다음날 아침에 실로아 샘으로 장엄한 행진을 했다. "황금 항아리로 샘에서 물을 퍼 담아서 다시 성전으로 행진을 하며 돌아왔다. 대제관은 황금 항아리를 한동안 높이 치켜들고 있다가 큰 옹기에 물을 부었다. 그러면 옹기에 연결된 여러 개의 관을 통해 땅속으로 물이 흘러들었다"(Schillebeeckx). 이런 예식을 통해 과거 사막에서 있었던 물의 기적을 기념했다. 유다인들이 타는 목마름 때문에 하느님께 반발하자 모세는 야훼의 분부대로 바위를 내리쳤다. 그러자 그 바위에서 시원한 물이 솟구쳤다.

초막절에 대제관이 이 거룩한 예식을 행하자 예수님은 대제관이 행한 일이 실제로 당신에게 일어났다고 말씀하셨다. "누구든지 목마르거든 내게로 와서 마시시오. 나를 믿는 이는 마시시오. 성서가 말한 대로 '생명수의 강이 그의 배에서 흘러나올 것입니다'. 이는 당신을 믿는 이들이 받게 될 영을 두고 하신 말씀이었다. 예수께서 아직 영광을 받으시지 않아서 영이 그들 가운데 계시지 않았기 때문이다"(요한 7,37-39).

예수님은 생명의 물이다. 십자가 위에서 죽으심으로써 성령의 물을 만민에게 부으셨다. 십자가 위에서 그분의 마음이 열렸다. 창에 찔린 심장에서 피와 물이 흐른다. 이것은 성령의 상징이며 성령은 우리 안에 솟는 샘물이다. 예수님을 믿는 사람은 경직된 마음을 푼다. 그의 마음속에는 영원히 메마르지 않을 하느님의 샘이 솟는다.

사마리아 여인과 대화하실 때 예수님은 생명의 물을 당신과 연관 지어 말씀하셨다. 깊은 야곱의 우물에서 나오는 청량한 물을 마시는 사람은 다시 목마르게 될 것이다. 예수께서 주시는 물은 그것을 마시는 사람 안에서 "샘이 되고 거기서 물이 솟아 영원한 생명을 누리게 할 것"(요한 4,14)이다.

물은 갈증을 해소한다. 물은 정화하고 쇄신한다. 모든 생명은 물에서 탄생한다. 병든 왕을 치유하는 생명수 이야기가 동화에 나온다. 다른 문화권에서도 물은 흔히 여성성과 관련이 있다. 사람들이 무슨 체험을 했기에 예수님이 생명의 물과 같다고 생각했을까? 분명 예수님의 말씀과 인격이 목마름을 달래는 샘과 같다는 느낌을 받았을 것이다. 예수님은 청량하지 않은 물을 주시지 않는다. 그분을 만나는 사람마다 새로워지고 생기를 되찾아 그에게서 생명이 샘솟는다.

예수님의 가르침은 태내의 양수와 같아 우리가 그 속에서 헤엄치며 먹고 마신다. 물은 엄청난 힘을 발휘한다. 홍수는 도도한 물의 힘을 과시한다. 노자는 말한다. "천하에 물보다 유약한 것이 없으나 강경한 것을 치는 데 물보다 나은 것도 없다"(『도덕경』 78장).

예수님을 만난 사람은 경직되지 않는다. 움직인다. 경직성이 녹아내린다. 예수님과의 만남에는 뭔가 특별한 것이 있다. 흔히 권위적인 사람 앞에서는 긴장해서 몸이 언다. 또 어떤 사람은 전혀 튀지 않는 인상을 준다. 눈에 잘 띄지도 않는다. 악수를 할 때 기운이나 신념이나 온기가 느껴지는 사람이 있는가 하면 손에 윤곽이 없어 아무런 느낌도 오지 않는 사람도 있다. 예수님이 생명의 물이라는 말은 예수께서 누구든지 만나고 모든 사람과 어울리지만 본연의 모습을 잃지 않으신다는 뜻이다. 예수께서 내 손에 맞게 손잡아 주시면 내 안에 있는 모든 경직된 것이 풀린다. 형식은 사라진다. 나도 부름을 받는다. 당당하게 나서야겠다. 가면 따위는 물에 녹아버린다. 본연의 모습이 드러난다. 그리고 내 안에 절대로 마르지 않는 샘이 흐른다. 나는 마르지 않을 것이다. 결코 고갈되지 않을 것이다. 예수님을 통해 내 안에서 솟는 샘은 하느님으로부터 온 것이라, 결코 마르는 일이 없을 것이다.

이렇게 해 보세요. 두 눈을 감고 맑은 샘물이나 산골짜기 시냇물 가에 앉아 있는 모습을 상상해 보세요. 기분이 어떻습니까? 어떤 기억이 떠오릅니까? 무엇이 여러분 안에서 살아 움직이며 흐릅니까? 모세가 사막의 바위를 지팡이로 내리치는 장면을 상상해 보세요. 갑자기 물이 흘러 목마른 이스라엘 백성들이 갈증을 채웁니다(탈출기 17,1-7). 여러분 마음속에 경직되고 완고한 것이 무엇입니까? 무엇이 여러분 안에서 갈라터지려고 합니까? 여러분은 내면의 샘을 보았습니까? 세례성사 때 여러분의 머리 위에 성수를 뿌립니다. 그것은 여러분이 사는 동안 끊임없이 솟아나는 내면의 샘이 있음을 알려 주기 위함이며, 그 샘이 결코 마르지 않게 하기 위함입니다. 이 샘은 하느님께로부터 흘러나오기 때문에 결코 고갈되지 않습니다.

여러분은 예수께서 새로운 방식으로 하느님과 이웃에 대해 말씀하심으로써 여러분을 내면의 샘으로 인도해 주신다고 생각할 수 있습니까? 예수님의 말씀에 여러분을 맡겨 보세요. 이미 오래 전에 말라붙었던 것들이 여러분 안에서 다시 살아 움직일 것입니다.

21. 빛 예수

빛은 인간의 근원적 갈망, 즉 삶과 행복에 대한 갈망을 나타낸다. 사랑하는 사람을 가리켜 '삶을 비추는 빛'이라고 말하기도 한다. 빛은 통찰과 깨달음의 상징이다. 예부터 사람들은 깨달음을 갈망했다. 이 갈망은 특히 영지주의에서 만연했다. "눈에 보이는 만물 이외에 무언가가 틀림없이 존재한다".

우리는 표면적인 것뿐 아니라 본연적인 것, 모든 존재의 근원을 보고 싶어 한다. 불교는 현실의 허상을 꿰뚫어 본질 자체를 인식하라고 가르친다. 예수님은 빛과 깨달음을 갈망하며 이렇게 말씀하신다. "나는 세상의 빛입니다. 나를 따라오는 이는 어둠 속을 걷지 않고 오히려 생명의 빛을 얻을 것입니다"(요한 8,12).

예수님의 말씀은 그분께서 사람 사는 어둠 속에 빛을 가져오신다는 뜻이다. 그분 계신 곳에서는 세상이 더 환해진다. 그분을 마음으로 받아들이는 사람은 어둠 속을 헤매지 않고 길을 잃지 않으며, 그 삶이 더 밝고 행복해진다.

예수님은 당신이 세상의 빛이라는 사실을 징표를 통해 알려 주셨다. 날 때부터 눈이 먼 사람은 다름 아닌 우리 자신이다. 날 때부터 우리는 앞을 볼 수 없었다. 우리는 눈이 먼 채 삶 속을 걸어 다녔다. 우리는 자신의 현실을 보려고 하지 않는다. 오히려 삶에 대해 환상을 가지고 그 안에 안주한다. 예수님은 땅에 침을 뱉어 앞 못 보는 사람을 치유하기 시작한다. 침으로 진흙을 갠 다음 눈먼 사람의 눈에 바른다. 그리고 그 사람에게 실로암 못에 가서 물로 씻으라고 말씀하신다(요한 9,6 참조). 남자가 다시 돌아왔을 때 눈은 이미 나아 있었다. 그는 다시 볼 수 있게 되었다.

눈먼 남자를 치유한 이야기에서 두 가지를 생각해 볼 수 있다. 첫째는 땅이다. 예수님은 눈먼 사람의 눈에 진흙을 바르시며 이렇게 말씀하신다. "땅이 당신을 받아들였습니다. 당신이 땅에 뿌리를 내리고 있다는 사실을, 내면의 더러움을 받아들인다면 앞을 볼 수 있습니다." 본다는 것은 자신의 진실을, 마음에 들지 않는 면까지도 본다는 뜻이다. 땅은 라틴어로 '후무스'humus다. 겸손을 뜻하는 '후밀리타스' humilitas는 이 말에서 왔다. 불손한 마음으로 자신의 현실을 보지 못하는 사람은 눈멀게 된다. 자신의 됨됨이를 겸손하게 돌아볼 수 있는 용기를 가진 사람만이 깨인 눈으로 자신의 상태를 볼 수 있다.

둘째는 그리스도와의 만남이다. 실로암이란 말은 '보냄받은 이'(요한 9,7)라는 뜻이다. 눈먼 사람은 실로암 못에서 하느님께서 보내신 그리스도를 만난다. 요한 복음사가는 이것을 세례의 상징으로 보았다. 초기 교회는 세례를 '깨달음'으로 이해했다. 신앙은 새롭게 봄을 뜻한다. 믿는 사람은 더 깊이 보고 본연의 것을 보게 된다. 믿는 사람은 꿰뚫어보고 깊이 있게 보며 현실을 있는 그대로 보게 된다. 또한 믿는 사람은 비관주의라는 이름의 검은 안경을 쓰거나 심리적 억압이라는 분홍빛 안경을 쓰고 보지 않는다. 진흙과 못, 이 두 가지 형상은 예수께서 인간을 새롭게 창조하신다는 것을 의미한다. 예수님은 창조주가 뜻하신 대로 인간을 빚어내신다. 하느님께서 창조하실 때 주셨던 그 멋진 모습을 뒤덮고 있는 맹점을 인간에게서 벗겨 낸다.

빛에 대한 예수님의 말씀에는 요한 복음사가가 속한 공동체의 예수님 체험이 담겨 있다. 그것은 예수님을 곁에 모시며 눈을 뜨려고 노력한 사람들의 체험이었다. 예수님을 체험한 순간 그들의 눈이 밝아져 어둠 속에서 더듬거리지 않게 되었다. 그리고 신앙을 통해 깨달음을 얻고 하느님께서 주신 내면의 빛을 보게 되었다. 이제 그들은 우울증의 어둠에 숨을 필요가 없다.

예수님의 말씀과 행동은 빛을 발한다. 그래서 어둠에 싸여 있던 지평선이 환히 밝아진다. 예수님은 말씀을 통해 빛을 비추셔서 어둠 속에 있는 우리의 생각과 감정을 환히 밝히신다. 갑자기 우리 눈이 밝아져 모든 것을 보고 사물의 토대를 보게 된다. 우리는 모든 존재의 진리를 인식하고, 우리 자신의 진실을 인식한다.

여러분은 자신의 맹점을 압니까? 그 맹점을 눈 뜨고 보기가 어렵습니까? 여러분이 자신의 모든 진실을 볼 수 있는 용기를 가진다면 어떨까요? 그러면 여러분은 해방감을 느낄까요?

여러분이 어둠 속을 헤맬 때 빛을 비추어 준 사람이 있습니까? 세례를 받을 때 아이들은 세례초를 받습니다. 우리는 세례를 받는 모든 어린이들로 인해 세상이 더 밝아지고 더 환해진다는 것을 이 초를 통해 표현합니다. 여러분 자신이 주위에 빛과 온기를 주는 초라는 사실을 믿습니까? 여러분은 누구를 위해 빛이 되고 싶습니까?

빛의 형상이신 예수님을 바라볼 때 여러분의 마음이 밝아지는 걸 느낍니까? 불교에서는 명상을 통해 깨달음을 추구합니다. 여러분은 문득 모든 것을 깨닫고 '꿰뚫어보고' 세상의 근원을 인식하는 경험을 한 적이 있습니까?

22. 어진 목자 예수

예수께서 사용하신 어진 목자라는 표현에는 고대인들의 간절한 그리움이 잘 나타나 있다. 유다인들은 하느님께서 백성을 이끄시는 참된 목자라고 생각했다. 모세는 하느님의 분부를 받아 백성의 목자이자 지도자가 되었다. 그리스 사람들은 넓은 초장에서 양 한 마리를 어깨에 메고 있는 목자의 모습을 상상했다. 초장은 낙원을 떠올리게 한다. 그리스 사람들은 그들이 그리는 이상향과 목자를 연관 지어 생각했다. 다른 많은 문화권에서도 목자는 사려 깊게 보살피는 아버지의 모습, 아버지처럼 인간을 보살피는 하느님의 모습을 나타낸다.

초기 그리스도인들은 이스라엘과 그리스 사람들의 이러한 그리움을 그대로 물려받았다. 그래서 예수님을 하느님처럼 백성을 생명으로 이끄는 목자로 여겼다. 그리스 사람들은 노래의 신 오르페우스를 착한 목자의 모습으로 그렸다. 오르페우스의 노래를 들으면 야생 동물도 순해지고 죽은 사람들도 다시 살아났다. 그는 늘 아름다운 전원에서 양과 사자들에게 둘러싸여 있었다. 초기 그리스도인들은 예수님에게서 오르페우스를 보았다. 예수님은 말씀으로 우리 안의 야성을 길들이고 죽은 것을 다시 살려내시는 거룩한 음유시인이다. 요한복음에서 예수께서 말씀하시는 어진 목자는 인간의 영혼에 잠재된 구원의 전형이다.

예수님은 당신을 이렇게 말씀하신다. "나는 착한 목자입니다. 착한 목자는 양들을 위하여 목숨을 내놓습니다"(요한 10,11). 착한 목자의 특징은 양들을 위해 목숨을 내놓을 준비가 되어 있다는 것이다. 예수님은 제자들을 이끄시며 그들을 위해 몸 바치신다. 늑대들로부터 양을 지키는 목자처럼 예수님도 위험을 무릅쓰고 제자들을 지키며 그들을 위하여 죽음을 마다하지 않으신다. 그리고 십자가 위에서 죽으심으로써 양들에게 닥치는 온갖 위험을 막아 내신다. 십자가는 양 우리를 넘어 오려는 늑대들을 막아 주는 든든한 보호막이다.

예수님은 자신이 착한 목자라고 다시 한 번 말씀하신다. "나는 착한 목자입니다. 나는 내 양들을 알고 내 양들도 나를 압니다. 마치 아버지께서 나를 아시고 내가 아버지를 아는 것과 같습니다"(요한 10,14-15). 예수님은 남녀 제자들을 개인적으로 잘 알고 계셨다. 제자 한 사람 한 사람을 소중하게 생각하시며 이름을 모두 알고 계셨다. 목자와 양들은 그들만의 긴밀한 관계를 맺고 있다. 예수님은 당신의 양들을 사랑하셨다. 예수님의 말씀에서도 노래로 사람들을 매혹시킨 오르페우스 같은 느낌을 받는다. 옛날부터 오르페우스가 부르는 노래는 사랑의 노래로 여겼고, 목자들은 사랑의 가수로 통했다. 성탄 노래가 목자들의 노래인 것도 다 그런 이유이다. 코렐리와 만프레디니 그리고 토렐리의 성탄 노래는 시칠리아 목자들의 노래에서 유래된 것이다. 목자들이 부르는 노래에서 예수님의 제자 사랑이 느껴진다. 이런 노래에는 제자들의 마음을 사로잡는 예수님의 사랑이 담겨 있다.

예수님은 마태오 복음과 루가 복음의 「잃었던 양 비유」에서 자신을 목자에 비유하신다. "여러분 가운데 어떤 이가 양 백 마리를 가지고 있다가 한 마리를 잃으면 아흔아홉 마리를 광야에 둔 채 잃은 것을 찾아낼 때까지 뒤쫓아다니지 않겠습니까? 그러다가 찾아내면 기뻐서 어깨에 메고 집으로 가서 벗과 이웃을 불러모아 '함께 기뻐해 주시오. 잃었던 양을 찾았소' 할 것입니다"(루가 15,4-6).

예수님은 착한 목자이기에 잃어버린 양을 찾아 나서신다. 그리고 길을 잃고 헤매다가 기진맥진한 양을 다정하게 어깨에 메신다. 우리 인간들은 삶의 덤불 속에서 길을 잃고 헤매는 양들과 같다. 예수님은 우리를 귀하게 여기셔서 우리를 찾아 나서신다. 그리고 우리를 찾으시면 기뻐 잔치를 베푸신다. 백 마리 양은 우리 모두의 모습이다. 우리는 우리 한가운데를, 우리 전체를, 우리 자체를 잃어버렸다. 착한 목자이신 예수님은 우리가 대수롭지 않게 그냥 보아 넘긴 것, 무의식적으로 억압하고 있던 것, 잃어버리고 있던 것, 우리 안에 있는 이 모든 것을 소중하게 여기신다. 그분은 우리 안에 뿔뿔이 흩어져 있는 이 모든 것을 찾아내시고 우리와 함께 우리가 온전해지고 자아를 회복하는 것을 축하해 주신다.

여러분이 생각하는 착한 목자는 어떤 모습입니까? 그 모습을 생각하면 기분이 어떻습니까? 무엇을 그리워하기에 이런 모습을 생각하게 되었을까요? 착한 목자에 대해 말할 때 예수님 생각이 떠오릅니까?

시편에 이런 구절이 있습니다. "주님은 나의 목자, 나는 아쉬울 것 없어라"(시편 23,1). 임마누엘 칸트는 이 시편 구절을 읽으면서 절실한 신앙 체험을 했습니다. 그 철학자는 이 시편 구절에서 무언가 특별한 느낌을 받았으며 마음이 평온해지는 것을 체험했습니다. 여러분은 이 시편 구절이 참 좋다고 생각하면서도 마음속에 받아들이지는 못할 것입니다. 하지만 이 시편 구절이 옳다면 외로움과 애정 결핍을 극복할 수 있지 않을까요? 칸트처럼 시편 구절을 가슴에 새기면 어진 목자 예수께서 여러분을 풀밭으로 인도해 자신의 삶을 되찾을 수 있다는 예감이 들지 않습니까?

23. 문 예수

동화에서 문이 중요한 역할을 하는 경우가 참 많다. 가령, 어느 성에 절대 열어서는 안 되는 문이 있었다. 성주 푸른 수염 공작은 성에 있는 모든 문을 열 수 있는 열쇠를 젊은 부인에게 주며 방문 하나만은 절대 열지 말라고 당부한다. 그러나 결국 금단의 문을 연 부인은 무참히 살해된 여인들의 시신을 보고 경악한다. 에제키엘 예언자도 하느님께서 드나드시기 때문에 절대로 이용해서는 안 되는 성전 문에 대해 이야기한다(에제 44,1-3 참조).

우리 꿈에도 문이 자주 등장한다. 집에 들어가는 문을 찾지 못하고 헤매는 꿈도 꾸곤 한다. 문이 잠겨 있거나 열쇠를 잃어버린 경우도 있다. 이런 꿈은 우리가 자신 안으로 들어가는 문을 잃어버렸다는 사실을 암시한다. 우리가 자신을 만나지 못하고, 우리 삶의 집에 들어가지 못하고 있는 것이다. 우리가 우리의 내면으로부터 배척당한 것이다.

예수님은 어진 목자는 도둑이나 강도와 달리 문으로 들어가서 양들을 만날 수 있다고 말씀하시면서 당신이 바로 그 문이라고 하신다. "나는 문입니다. 나를 통해 들어오면 누구나 구원받을 것이고 드나들며 목초를 찾아 얻을 것입니다"(요한 10,9). 예수님은 우리가 참된 삶 속으로 들어갈 수 있도록 우리의 문이 되려 하신다. 고통당하는 사람들을 위해 기꺼이 문이 되어 주시겠다고 말씀하신다. 그분은 사람들이 자기 자신을 만나지 못하고 자신의 참된 본성 속으로 들어가는 문을 잊고 있음을 벌써 보셨다. 그래서 말씀으로 문을 열어 사람들이 자신의 참된 본성과 하느님을 찾을 수 있게 해 주신다.

예수께서 우리에게 약속하시기를, 이 문으로 들어오는 사람은 구원받고 무사하고 안전하며 자기 자신을 찾을 것이라 하셨다. 또 자신을 만나고 자유롭게 드나들 수 있을 것이라 하셨다. 문은 열리고 닫힌다. 이 문을 통해 나는 내면으로, 내면의 집안으로 들어간다. 이 문을 통해 밖으로 나갈 수도 있다. 문은 안과 밖을 연결한다. 안에서도 살고 밖에서도 사는 사람이 건강한 사람이다. 안에서만 사는 사람은 외부세계를 차단한 채 갇혀 사는 사람이다. 그런 사람은 결실을 맺지 못한다. 또 밖에서만 사는 사람은 피상적이다. 그런 사람은 자기 자신을 잃는다. 안팎으로 드나들어야 생기를 유지할 수 있다. 예수님은 문이시다. 그분을 통해서 우리는 우리 자신 속으로 들어갈 수 있다. 그러나 그분은 우리 내면에 들어오셔서 바깥세상에 나가 세상을 만들고 가꾸라고 우리의 등을 떠미신다.

문은 한 영역에서 다른 영역으로, 이승에서 저승으로, 세속에서 성역으로 이행하는 것을 상징한다. 어느 민족에게나 신적인 영역으로 넘어가는 천상의 문이 있다. 예수님은 문이며 우리는 이 문을 통해 우리 자신 속으로, 하느님이 계신 집으로 들어갈 수 있다.

중세 로마네스크 양식에서는 그리스도를 통치자의 모습으로 성당 문에 조각했다. 천당으로 갈지 지옥으로 갈지 심판하실 분이 그리스도라고 생각한 것이다. 그분을 통해 우리는 성당 안으로, 성스런 영역으로 들어선다. 그분이 삶의 문이시다. 문이신 그리스도를 통해 들어가는 사람은 하느님과 함께하는 삶의 영역으로 들어가며, 결국 천당에 들게 된다.

요한 묵시록에서는 문에 대한 상징에 열쇠에 대한 상징이 추가된다. "거룩한 분, 진실한 분, 다윗의 열쇠를 가진 분, 열면 닫을 자 없고, 닫으면 열 자 없는 그분이 말씀하신다"(묵시 3,7). 우리는 열쇠로 문을 열어 신비 속으로 들어간다. 신화나 동화에서 흔히 열쇠를 가지고 있다는 말은 비밀을 알고 있거나 비밀의 실마리를 가지고 있다는 뜻이다. 예수님은 열쇠이시며 이 열쇠는 우리에게 하느님의 신비를 알려준다. 예수께서 문을 열어 주셔서 우리는 하느님 계신 곳에 들어갈 수 있고 내 집처럼 편하게 지낼 수 있다. 그리고 열쇠이신 예수님은 우리가 내면으로, 우리 강생의 신비 속으로 들어갈 수 있도록 문을 열어 준다.

나는 때로 문과 열쇠에 대한 비유를 실생활에서 체험하곤 한다. 예수님을 만나면 뭔가가 열린다. 문이 열리고 나는 본연의 영역, 진리의 영역, 하느님의 영역으로 들어간다. 그리고 그 안에서 나 자신을 발견한다.

어떤 문들이 여러분의 내면에서 닫혀 있습니까? 어떤 문들을 통해 여러분은 삶으로 갈 수 있습니까? 여러분은 자신 속으로 들어갈 수 있는 열쇠를 찾았습니까? 뭔가를 돌연히 깨닫는 체험, 열쇠로 문을 여는 듯한 체험을 한 적이 있습니까? 여러분이 거쳐 온 문, 여러분 앞에 열린 문, 사람들에로 향한 문, 새로운 가능성을 향해 열린 문을 떠올릴 수 있습니까? 예수님의 인격, 행동, 말씀, 길을 묵상해 보세요. 예수께서 여러분을 위해 문과 열쇠가 되어 여러분 자신의 삶과 하느님의 신비 속으로 들어가게 해 주십니까?

24. 포도나무 예수

예수님은 "나는 참 포도나무요"(요한 15,1)라고 말씀하신다. 그리스 성서 원문에는 포도나무라는 말에 '참된'he alethine이라는 말을 덧붙여 강조한다. 이 말씀에 담긴 예수님의 마음은 이런 것이다. "여러분이 포도나무에서 흔히 볼 수 있는 일을 내가 실제로 이루어 보겠습니다. 포도나무를 찬찬히 잘 들여다보면 여러분과 나의 관계가 어떤 것인지, 내가 정말 누구인지 알게 될 것입니다." 예수님은 가장 포도나무다운 모습을 보여주셨다. 포도나무를 찬찬히 살펴보면 예수님이 어떤 분인지 깨닫게 된다.

"내 안에 머무는 사람, 그리고 내가 그 안에 머무는 사람, 그런 사람은 많은 열매를 맺습니다"(요한 15,5).

예수께서 포도나무에 대해 하신 말씀은 궁극적으로 존재하는 모든 만물에 적용된다. 지상의 만물은 예수님 신비의 상징이다. 문은 그리스도 안에서 그 본질이 완성되고, 빵은 그리스도 안에서 비로소 그 의미가 드러난다. 예수님은 세상과 무관하지 않다. 눈을 똑바로 뜨고 세상을 보면 만물이 그리스도를 상징한다는 것을 알게 된다. 씨 뿌리고 수확하는 농민들, 겨자씨와 누룩과 포도나무, 집 짓는 목수들과 아이들을 가르치는 선생님을 보며 우리는 예수님이 어떤 분이신지, 또 예수께서 사람이 되신 신비가 어떤 의미인지 알아차리게 된다.

성서에서 포도나무는 이스라엘 백성을 상징한다. 하느님은 포도밭 주인이다. 그분은 포도나무를 보살피신다. 이스라엘에서 포도나무는 메시아의 나무로 통한다. 그리스에서는 포도나무가 충만한 삶을 상징한다. 포도나무는 도취, 열광, 변모, 모든 생명의 쇄신을 관장하는 디오니소스 신에게 바치는 제물이다. 예수께서 스스로 포도나무라고 말씀하신 데는 사람들이 포도나무를 생각하며 가슴속에 품은 모든 소망을 모두 이루어 주신다는 뜻이 담겨 있다.

예수님은 포도나무에 대해 두 가지를 말씀하신다. 하나는 포도나무와 가지의 밀접한 관계다. 이것은 예수님과 제자들의 긴밀한 관계를 나타낸다. 신앙인들은 포도나무이신 예수님께 매달려 있는 가지다. 그들은 예수님께 생명의 수액을 받는다. 포도나무가 없으면 가지는 열매를 맺지 못하고 시들어 땅에 떨어진다. 생명의 수액이 포도나무에서 가지로 흐른다. 포도나무에 붙어 있는 사람의 삶은 결실을 맺는다. 예수님은 당신 안에 머물러 있다는 표현을 사용하시며 말씀하신다. "내 안에 머무는 사람, 그리고 내가 그 안에 머무는 사람, 그런 사람은 많은 열매를 맺습니다"(요한 15,5-6).

나도 삶이 열매를 맺기를 소망한다. 가끔 나는 생명도 열매도 없이 말라비틀어진 사람들을 만날 때마다 깜짝 놀라곤 한다. 그러나 그들은 스스로 열매를 맺지 못한다. 그들이 포도나무에 붙어 있어야, 그들에게 생기를 주고 열매를 맺게 하는 예수님의 영이 흘러 들어가야 비로소 그들 안에 열매가 자랄 것이다.

또 하나는 우리 삶에 새 맛을 선사해 주는 포도주의 모습이다. 포도주는 땅의 피다. 그리스 사람들은 포도주가 디오니소스의 피라고 생각했다. 포도주는 생명의 영약이며, 그리스 사람들에게는 불로장

생의 음료였다. 이슬람교에서는 포도주가 신의 사랑이 담긴 음료이자 영적 인식의 상징이다. 예수님은 가나의 혼인잔치에서 물을 포도주로 변화시켰다. 그분의 사람되심이 우리 삶을 변화시켰다. 밍밍한 물맛은 사라지고 마음을 기쁘게 하는 포도주 맛이 났다. 교부들은 가나 혼인잔치의 여섯 항아리 포도주와 그리스 디오니소스 축제 때 바치는 세 항아리 포도주를 비교했다. 예수님은 디오니소스 신을 통해 표출되는 그리스인들의 열망 — 도취와 황홀에 빠지고 싶은 열망, 충만한 삶에 대한 열망 — 을 이루어 주셨다. 성 암브로시우스는 이런 디오니소스적 열망을 "예수께서 우리에게 선사하신 영의 냉철한 도취"라는 말로 표현했다. 예수께서 공생활을 시작하면서 하신 일들은 죽음을 통해 완성되었다. 예수님은 강생을 통해 우리와 함께하신 혼인을 죽음을 통해 완성하신다. 요한 복음사가는 예수께서 사랑을 완성하기 위해 기꺼이 죽음을 맞으셨다고 말한다. 예수님은 우리를 위하여 포도주가 되려 하신다. 우리는 그 포도주에 취해 사랑과 기쁨으로 넘쳐날 것이다. 이것은 고행자의 자기 이해와는 좀 다른 것이다. 그는 우리를 양심의 가책에 시달리게 할 뿐이다. 함께 포도주를 즐기기는커녕 같이 식사할 엄두조차 나지 않는 사람들이 있다. 예수님은 이런 사람들과는 다른 분이다. 그분은 포도주 속에 당신의 사랑과 당신 자신을 담아 건네주신다.

나와 함께 수도생활을 하는 마인라트 수사 신부는 강론 중에 이런 질문을 한 적이 있다. "만일 예수께서 '나는 속을 편안하게 하는 카밀레 차입니다'라고 말씀하셨다면 우리는 예수님에게서 어떤 다른 맛을 느끼고 있을까요?" 그러면 우리는 예수님을 무언가 다른 것하고 연관 지어 생각할 것이다. 고행, 우리를 걱정하고 우리의 건강을 염려하는 마음, 몸을 사리는 태도, 조심성 등을 생각할 것이다. 하지만 예수님은 자신의 인격을 포도나무와 포도주와 연관 지으셨다. 그분은 우리를 위해 황홀의 샘, 단맛의 샘, 좋은 맛의 샘이 되려 하신다. 예수님은 옳고 그름의 밍밍한 맛이 아니라 사랑과 기쁨의 맛을 우리에게 전해 주려 하신다.

지금 여러분이 누군가를 사랑하고 있다면, 사랑하는 사람과 함께 포도주를 마실 겁니다. 포도주 맛을 음미할 때 여러분 마음은 어떻습니까? 포도주가 남기는 뒷맛이 어떻습니까? 여러분의 입맛을 각별히 사로잡고, 온몸을 사랑으로 적시는 그런 포도주를 마신 적이 있습니까? 초기 그리스도인들은 예수님을 생각하며 그런 경험을 했습니다.

25. 길 · 진리 · 생명 예수

이별을 앞두고 예수님은 의미심장한 말씀을 제자들에게 남기셨다. "나는 길이요 진리요 생명입니다"(요한 14,6). 철학자와 신학자들만 이 말씀의 뜻을 새기고 토론한 것이 아니었다. 많은 보통 사람들도 감명을 받았다. 예수님의 말씀은 그들의 심금을 울렸다. 요한 복음사가가 이리도 정연히 표현할 만큼 절절히 체험한 예수님을, 다른 사람들도 그렇게 체험할 수 있을까. 그것이 문제다.

요한 복음사가는 예수님의 말씀을 전함으로써 돌이킬 수 없는 현실을 창출했다. 한번 입에서 나온 말은 끝없이 밀려오는 파도처럼 우리 영혼의 심연과 이 세상 모든 영역에 와 닿는다. 예수님의 말씀을 통해 우리는 강생의 신비를 깨닫게 된다.

"나는 길이다." 어느 종교에서나 길은 인생의 중요한 상징이다. 인간은 끊임없이 길을 가는 나그네다. 가던 길을 멈추면 안 된다. 인간은 방랑하며 변모한다. 길은 목표이고, 목표는 삶이며 인식이다. 그러나 이 목표에 이르는 길은 멀고 꼬불꼬불하다. 이 길들은 두르기도 하고 잘못 들기도 하며 험하고 좁은 곳을 지나기도 한다. 이스라엘 백성이 사막을 지나 약속의 땅으로 갈 때 주님께서 앞장서서 인도하셨다. 주님은 그 길에서 아들을 등에 업듯 이스라엘 백성을 등에 업으셨다. 그런데도 백성은 "너희가 천막을 칠 곳을 찾아 주시려고 … 앞장서

가시는"(신명 1,33) 주님을 믿지 않았다. 예수께서도 제자들의 "자리를 마련하러"(요한 14,2) 제자들보다 먼저 가신다. 예수님은 하늘에 거처를 마련하려고 우리보다 먼저 가신다. 예수님은 하느님께 가는 길이다. 요한 복음사가에 따르면, 예수님을 마음속에 모시는 사람은 삶에 도달하고 하느님께 가는 길을 찾는다. 하지만 이 길이 항상 편안한 길은 아니다. 이 길은 우리들에게 십자가의 길이 될 수도 있다. 이 길에서 우리의 뜻을 '포기하고' 십자가의 짐을 지게 된다. 그리고 우리가 숨어 있는 영성의 중심과 진정한 자아를 찾고 하느님이 삶의 중심이라는 사실을 깨닫게 되기까지 종종 우리네 삶은 얽히고설킨 미로 속을 간다.

"나는 진리입니다." 예수께서 스스로 진리라고 말씀하실 때 우리는 진리라는 그리스 말이 무슨 뜻인지 생각해 보아야 한다. '알레테이아'*Aletheia*(진리)는 실재를 덮은 베일이 벗겨져 우리가 현실을 있는 그대로 본다는 뜻이다. 그리스 사람들은 현실이 눈으로 볼 수 없게 가려져 있다는 사실 때문에 고민했다.

우리는 만물을 베일에 가린 채로만 볼 수 있을 뿐, 진면목을 보지 못한다. 예수님은 본질을 덮고 있는 이 베일을 벗겼노라 말씀하신다. 예수님을 이해하는 사람은 꿰뚫어 근원을 본다. 하느님께서 만든 실재가 어떤 것인지도 안다. 그는 만유의 궁극적 본원을 본다.

예수님은 내가 나의 진실을 깨닫도록 이끌어 주신다. 예수님의 말씀을 묵상하면 그 말씀은 이제껏 날 불편하게 한다는 이유로 은폐했던 내 현실의 베일을 걷어 낸다. 예수님은 내 영혼의 심연으로 나를 데리고 가시어 내 눈으로 똑똑히 보게 하신다. 예수님은 진리가 우리를 자유롭게 한다고 말씀하신다. "여러분이 내 말에 머물러 있으면 참으로 내 제자들입니다. 그러면 진리를 알게 되고 진리는 여러분을 자유롭게 할 것입니다"(요한 8,31-32). 그분의 진리로부터 도망치는 사람은 진리에 덜미를 잡혀 겉모습 뒤에 감춰진 것이 들킬까봐 불안에 떤다. 예수님을 만나면 나는 숨을 데가 없다. 나의 진실이 모두 드러난다. 그러나 이런 진실이 나를 자유롭게 할 것이다. 이런 진실은 참된 삶으로 나를 이끌 것이다.

"나는 생명입니다." 우리는 모두 삶을 갈구한다. 하지만 사람들이 생각하는 삶은 저마다 다르다. 어떤 사람은 가급적 많은 것을 체험하고, 많은 여행을 하며, 사람들을 만나는 것이 삶이라고 생각한다. 또 어떤 사람은 삶의 질이 중요하며 삶에는 생기가 돌아야 한다고 말한다. 그런가 하면 바로 이 순간 자신과 주변의 모든 것을 절실하게 느끼고 체험하는 것이 삶이라는 사람들도 있다. 예수님은 당신 자신이 생명(삶)이라고 말씀하신다. 그리고 삶과 생기에 대한 우리의 갈망을 채워 주시겠다고 말씀하신다. 우리는 그분을 통해 비로소 삶이 무엇인지 체험한다. 이것이 그분의 말씀이다.

요한 복음 첫머리에 이런 구절이 있다. "그분 안에 생명이 있었으니 그 생명은 사람들의 빛이었다"(요한 1,4). 그리고 요한 1서에서 복음사가는 예수님에 대해 이렇게 말한다. "이 생명은 아버지와 함께 계셨으며 이제 우리에게 나타나셨습니다"(1요한 1,2). 예수님은 당신의 복음을 이렇게 요약하신다. "내가 온 것은 생명을 얻고 또 얻어 넘치게 하려는 것입니다"(요한 10,10). 이 말씀에는 어떤 체험이 담겨 있을까? 제자들이 곁에서 본 예수님은 분명 생명력이 넘치는 인간이었다. 그분은 따분하게 가르치시는 분이 아니었다. 그분 곁에 있으면 생명이 솟구쳤다. 그분이 말씀을 하시면 무언가가 움직이고, 청중들은 활기에 넘쳤다. 그리고 그분의 말씀을 마음속에 받아들인 사람들은 정말 삶이 무엇인지 한순간에 깨달았다. 예수님은 우리가 흘러넘치도록 삶을 누리게 하기 위해 오셨다. 그분 안에서는 삶이 무엇인지 분명해진다. 삶은 많은 것을 체험하는 것만을 의미하지 않는다. 그 이상이다. 삶이 우리 안으로 흘러 들어올 때 비로소 우리는 정말 삶을 누린다. 그리고 생명의 신비, 하느님의 삶에 참여할 때 비로소 삶이 우리 안으로 들어온다고 요한 복음사가는 말한다.

오늘 여러분이 가야 할 길을 의식하면서 걸어 보세요. 여러분은 어디로 가고 있습니까? 간다는 것, 길을 가고 있다는 것은 무슨 뜻입니까?

여러분은 삶이 뭐라고 생각합니까? 여러분은 언제 생동감을 느낍니까? 삶을 살기 위해 무엇이 필요합니까? 진실되게 산다는 것은 여러분에게 어떤 도움이 됩니까? 여러분에게 진리란 무엇입니까? 여러분은 자신의 진실을 직시합니까? 아니면 외면하고 도피합니까? 베일이 벗겨지면서 현실을 있는 그대로 본 경험이 있습니까? 이런 순간마다 여러분은 진리를 체득했고 근원을 보았습니다. 여러분은 모든 것을 분명히 알게 되었습니다.

26. 부활 예수

삶이란 무엇인가? 예수님은 모든 철학의 근원적 질문에 독특하게 대답하신다. "나는 부활이요 생명입니다. 나를 믿는 사람은 죽더라도 살 것입니다. 또 살아서 믿는 사람은 누구나 영원히 죽지 않을 것입니다"(요한 11,25-26). 예수께서 부활이라니, 도무지 이해할 수 없는 말씀이다. 그분을 믿는 사람은 지금이라도 죽음에서 깨어나 죽음에서 삶으로 건너간다는 말이다.

요한 복음사가는 많은 사람들이 겉으로는 살아 있는 듯하지만 실제로는 죽어 있다고 말한다. 그들은 실제로 사는 게 아니라 그저 껍데기뿐이라는 것이다. 그러나 예수님을 믿는 사람은, 또 예수님이 정말 누구인지 이해하는 사람은 자신의 불안과 자기연민의 무덤에서 떨쳐 일어나, 경직과 압박과 암울과 나약에서 헤어날 수 있다. 그에게는 부활이 일상에서 일어난다. 그는 좁은 곳에서 드넓은 곳으로, 어둠에서 빛으로, 경직에서 생동으로 떨쳐 일어선다.

요한 복음사가는 "나는 부활입니다"라는 예수님의 말씀을 설명하기 위해, 예수께서 무덤에 묻힌 지 사흘이나 되는 라자로를 살리신 이야기를 예로 든다(요한 11,38-44 참조). 라자로의 손과 발은 띠로 묶여 있고 얼굴은 수건에 싸여 있었다. 무덤은 돌로 막혀 있었고, 시신에서는 벌써 썩은 냄새가 났다. 무덤을 막은 돌은 관계 단절을 의미하고, 돌

저편에 누운 사람은 삶에서 소외된 사람을 뜻한다. 모든 것이 부패해서 악취가 났다. 얼굴을 덮은 수건은 그저 가면에 지나지 않았다. 본래 면목은 이미 죽었다. 손발이 묶여 자유롭지 못했다. 잠에서 깨운다는 말은 예수님 사랑의 말씀이 돌을 뚫고 그 친구에게 가 닿는다는 뜻이다. 사랑의 말씀이 친구의 생명을 되살렸다. 그 말씀은 동여매인 시신을 풀어 주었다. 그리고 자신의 모습을 감추고 있는 가면을 벗겼다. 라자로의 부활을 통해 우리는 예수님을 믿는 사람은 죽어도 다시 살아날 것이라는 사실을 깨닫게 된다. 예수님을 믿는 사람은 죽음 속에서도 사랑의 언덕에서 굴러 떨어지지 않을 것이다. 사랑은 죽음보다 강하다. 사랑은 모든 돌을 꿰뚫고 모든 경직을 풀어준다. 육신은 죽지만 진정한 자아는 죽지 않는다. 믿음의 힘은 죽음 너머 영원한 생명에까지 뻗친다. 우리는 신앙을 통해 죽음에서 삶으로, 경직에서 생기로, 관계 단절에서 사랑으로 건너간다.

도스토옙스키의 『죄와 벌』은 "나는 부활입니다"라는 말씀을 다시 한 번 생각하게 한다. 도스토옙스키는 라자로 이야기를 소설 첫머리에 실어 그 의미를 새기게 한다. 가난 때문에 창녀가 된 소냐는 살인자 라스콜니코프에게 이 성서 이야기를 읽어 준다. 소설에서 소냐는 무덤 속의 라자로를 살리신 예수님처럼 행동한다. 그녀는 살인자의 얼어붙은 마음을 사랑으로 녹이고 그의 마음에 사랑을 심는다. 동료 죄수들과 잘 어울리지 못했던 퉁명스런 죄수 라스콜니코프를 사랑스런 사람으로 변하게 만든다. 도스토옙스키가 예수님을 여인의 모습으로 그린 것은 대단히 용기 있는 일이었다. 창녀 소냐는 예수님이 곧 부활이라는 이 신비를 몸으로 보여준다. 도스토옙스키는 라스콜니코프에 대해 이렇게 말한다. "그는 부활했다. 그는 그것을 알고 있었다. 새사람이 되어 그것을 몸소 느끼고 있었다. 진정 그녀는 ― 그녀는 정말 그의 몸속에 살고 있었다". 한 여자가 한 남자를 사랑해서 살 용기가 생기고, 한 남자가 한 여자를 사랑해서 살 용기가 생긴다면, 그것이 바로 부활이고, "나는 부활입니다"라는 말씀의 의미가 계시되는 것이다. 소냐가 살인자 라스콜니코프의 냉대를 수년간 견딜 수 있었던 것은 그녀 마음속에 예수님의 사랑이 샘솟고 있었기 때문이다. 예수님의 사랑을 통해 부활의 힘을 얻은 소냐는, 인간관계의 단절로 소외된 라스콜니코프에게 삶의 희망과 사랑을 일깨워 줄 수 있었다.

여러분의 삶을 들여다보십시오. 언제 진정한 삶을 살고, 언제 공허하며 언제 지루한 일상의 반복입니까? 무엇이 여러분의 삶을 가치롭게 합니까? 여러분은 살면서 언제 부활을 체험했습니까? 여러분은 경직된 생활에서 벗어나는 삶의 활기를 어디에서 얻습니까? 여러분이 불안과 체념의 무덤에서 나올 수 있도록 이끌어 준 사람은 누구입니까? 언제 여러분은 관계 단절을 청산하고 부활했습니까? 혹시 부활을 경험했는데도 예수님을 생각하지 못한 것은 아닙니까? 무덤에서 부활할 때 예수님을 보거나 생각하지 못해도 여러분은 그분을 만나게 됩니다. 여러분의 삶에 부활이 이루어지면 예수님은 여러분 마음속에 계시고, 여러분 마음속에서 부활하십니다. 이것이 바로 요한 복음의 의미입니다.

27. 어린이의 벗 예수

마르코 복음사가는 예수께서 어린이들을 만나 축복하신 이야기를 전해 준다. "사람들이 어린이들을 예수께 데려와서 어루만지시게 하려하자 제자들이 나무랐다. 예수께서 보고 언짢아하며 말씀하셨다. '어린이들이 내게 오도록 그냥 두시오. 막지 마시오. 하느님 나라는 이런 이들의 것입니다. 진실히 말하거니와, 어린이처럼 하느님 나라를 받아들이지 않는 사람은 결코 거기 들어가지 못할 것입니다.' 그러고는 어린이들을 껴안고 손을 얹어 축복하셨다"(마르 10,13-16).

제자들은 어린이들이 예수님 일에 방해가 된다고 생각했다. 그래서 축복을 받게 해 주려고 예수님께 어린이들을 데려온 사람들을 쫓아 버렸다. 제자들은 바리사이적 사고방식에 사로잡혀 있었다. 바리사이들의 굳은 사고로는 어린이의 마음을 이해하지 못한다. 그들은 어린이들하고 놀아주는 일이 시간 낭비고 신앙생활에 방해가 된다고 생각했다. 어린이들을 그저 대를 잇는 후손으로밖에 여기지 않았다. 하물며 랍비가 어린이들과 한데 어울려 놀아주는 일은 더욱 가당치 않은 일이었다.

그러나 예수님의 생각은 달랐다. 그래서 제자들의 태도가 못마땅하고 화가 났다. 어린이들을 내쫓은 행동에 역정을 내며 제자들을 나무랐다. 예수께서 누구에게 화를 낼 때는 그들이 무엇을 잘못했는지

지적하신다. 한번은 율법을 지킨 공적이 없는 어린이들도 하늘나라에 들어갈 자격이 있는가라는 문제로 바리사이들과 토론하신 적이 있었다. 그때 예수님은 어린이를 예로 들며 우리가 하느님과 어떤 관계인지를 설명하셨다. 하느님 나라에 들려면 율법을 준수해야 하는 것이 아니고, 어린이처럼 작아져야 한다고 말씀하셨다. 항상 빈손으로 하느님 앞에 서 있노라고 고백하는 마음을 가지라는 뜻이었다.

어린이처럼 하늘나라를 받아들인다는 말씀은 무슨 뜻일까? 꿈에 나타나는 어린이는 거짓 없는 마음, 본연의 것, 우리 안에 생성되는 새로운 것을 상징한다. 하느님 나라를 받아들인다는 것, 자신 안에 하느님께서 계실 곳을 마련한다는 것은, 하느님 앞에서 쓰고 있는 가면을 벗어버리고 온전한 우리 모습을 드러낸다는 뜻이다. 예수께서 어린이들을 품에 안은 것처럼 우리도 우리 안에 있는 어린이를 보살펴야 한다. 우리 안에는 방치되고, 매 맞고, 기가 질려 마음의 상처를 입은 어린이가 있다. 그리고 우리 안에는 창조성과 생명력의 샘, 순수와 진실의 샘인 하느님 닮은 어린이가 있다. 우리가 상처 입은 이 아이를 품에 안으면 그 아이는 슬픔을 거두고 우리 삶을 방해하지 않는다. 상처 입은 아이는 그 모습 그대로, 상처 입고 의지할 데 없이 홀로 버려진 채 있어도 된다. 상처 입은 그 아이의 모습을 통해 우리는 늘 우리 안에 있으면서 우리가 온갖 위험에 처하고 상처 받을 때마다 헤치고 나아갈 길을 알려 주는 하느님 닮은 어린이를 발견한다.

예수님은 머리에 손을 얹어 어린이들을 축복하신다. 우리 안의 상처 입은 아이는 보호의 손길을 필요로 한다. 예수님의 축복은 보호공간과 같고, 어린이들은 여기서 보호받고 있다는 안정감을 얻는다. 우리 안의 상처 입은 삶은 이 보호공간 안에서 꽃을 피운다.

예수님은 어린이들을 위해 시간을 내셨다. 어린이들의 모습에서 인간의 거짓이 없고 비뚤어지지 않은 원래의 모습을 보았고 어린이들을 훈계하시지 않았다. 예수님은 우리 안에 있는, 하느님의 왜곡되지 않은 본래 모습 위에 손을 얹어 축복하신다. 본능과 자아를 도덕과 양심으로 억제하는 나의 초자아는 온갖 그럴듯한 이유를 대면서 내면의 어린이와 노느니 차라리 더 중요한 일을 하라고 말하지만 예수님은 개의치 않고 내 안의 상처 입은 아이와 하느님 닮은 아이를 똑같이 축복해 주신다.

여러분은 최근에 꿈속에서 어린이들을 본 적이 있습니까? 여러분의 꿈에 나타난 어린이들이 아프고 다치고 무관심 속에 내팽개쳐져 있었습니까? 여러분 안의 상처 입은 어린이와 하느님 닮은 어린이를 잘 살펴보세요. 여러분 안의 어린이와 이야기 나누어 보세요. 예수님과 함께 여러분 안에 있는 어린이의 변호사가 되어 보세요. 그리고 여러분을 귀찮게 하는 주위 어린이들의 변호사도 되어 보세요. 이 어린이들은 여러분이 삶의 길을 갈 때 본질적인 것이 무엇인지 가르쳐 줍니다. 여러분이 자신의 존재를 중요하게 생각하는 순간, 이 어린이들은 여러분의 적나라한 모습을 보여주고, 관심을 가져 달라고 소리치는 어린이가 여러분 안에 있다는 사실을 알려 줍니다.

여러분은 어린이들을 좋아하고 그들과 잘 어울립니까? 아니면 어린이들과 노는 것을 시간 낭비라고 생각합니까? 어린이들에게 기쁨을 주고 그들의 뜻과 생각을 잘 이해하고 있습니까? 어린이들의 말에 귀를 기울입니까? 어린이들에게 배우려는 마음이 있습니까?

28. 시험 받는 예수

히브리서 저자는 예수님에 관해 이렇게 말한다. "우리의 대제관은 우리의 연약함을 모르시는 분이 아닙니다. 그분은 죄 말고는 모든 일에 우리와 마찬가지로 시험을 받으셨습니다"(히브 4,15).

히브리서 저자는 학식 있는 신학자다. 그는 우리처럼 시험 받고 괴로워하시는 예수님의 모습을 보고 그분에게도 인간적인 면이 있다고 생각했다. 예수님은 모든 것을 위에서 내려다보시지 않았다. 인간으로 살다 보면 유혹을 받지 않을 수 없다는 사실을 체험을 통해 알고 계셨다. 몸소 시험을 당했기 때문에 우리의 처지를 공감하셨다. 그리스어로 '공감하다, 함께 괴로워하다'는 말은 '심파테사이'*sympathesai*다. '호감'Sympathie이란 말도 여기서 나왔다. 예수님은 우리 가운데 한 사람이었고 우리와 함께 고통당하셨고 우리와 같은 일을 견뎌 내셨기 때문에 우리는 예수님께 호감을 느끼는 것이다.

네 명의 복음사가 가운데 세 명이 예수께서 시험을 받으신 이야기를 전해 준다. 마르코 복음사가는 예수께서 세례를 받자 영이 그분을 광야로 내보냈으며, 사탄이 그분을 유혹했다는 사실을 짤막하게 이야기했다. 마태오 복음사가와 루가 복음사가는 자아 형성 과정 중에 우리가 겪는 세 가지 전형적인 유혹에 대해 말했다. 세 가지 유혹 이야기를 살피면 복음 전파에 어떤 위험이 따르는지 예수님도 잘 알고 계셨음을 알 수 있다. 어떤 과업이든 잘못된 쪽으로 이용될 수 있다. 영성과 소명이 탁월할수록 더 깊은 나락으로 떨어질 수 있다. 인기가 절정으로 치달을수록 팬들에게 '잡아 먹혀' 자신의 내면이 명하는 대로 살지 못할 위험이 크다. 예수님은 자신의 소명에 따르는 위험을 정확히 알고 계셨다. 그래서 40일 동안 시간을 가지셨다. 예수님에게는 고심의 시간이었다. 그 뒤부터는 이기적인 생각에 물들지 않고 소명을 수행할 수 있을 만큼 성숙해지셨다.

40일간의 단식으로 허기가 엄습하자 첫 번째 유혹이 찾아왔다. "악마가 말했다. '하느님 아들이거든 이 돌더러 빵이 되라고 해 보시오'"(루가 4,3). 주어지는 것은 전부 소비하라는 유혹이다. 모든 것을 내 허기를 채우는 데 써야 한다. 내가 남을 돕는 이유는 남이 소중하거나 도움이 필요해서가 아니라 사람들의 관심을 바라기 때문이다. 나는 많이 바라기 때문에 많이 준다. "돌"을 자신의 허기와 욕구를 채워 줄 "빵"으로 변화시키는 사람들이 많다. 그런 사람들은 그저 자신의 욕구를 충족시키기 위해 일과 성공과 재산과 주위 사람들을 인정認定과 명성과 성과 사랑으로 변화시킨다. 그러나 예수님은 이런 유혹에 빠지지 않았다. 그분은 자신을 위해 남을 이용하지 않았고, 그들의 마음을 헤아려 도왔다. 그리고 빵 말고도 취해야 할 다른 것이 있다는 사실을 일깨우며 이 유혹을 극복하셨다. "사람이 빵만으로는 살지 못한다"(루가 4,4). 예수님은 하느님으로, 하느님의 말씀으로 사신다. 하느님을 위해서라면 나는 많은 것을 바라지 않고 많은 것을 줄 수 있다. 내가 가지고 있기 때문에, 내 안에 하느님의 샘이 솟기 때문에 나는 줄 수 있다.

루가 복음사가는 예수께서 겪은 두 번째 유혹이 권력이라고 말한다. "저 모든 나라 권세와 영광을 주겠소. 내가 받은 것이니 내가 원하는 사람에게 줄 수 있소. 내 앞에 엎드려 절하시오. 그러면 모두 당신 차지가 될 것이오"(루가 4,6-7). 이것은 만인의 근원적 유혹이다. 다른 사람에게 권력을 부리고 싶은 유혹이다. 우리 모두는 자신의 무력함을 잘 알고 있다. 우리는 대인 관계에서 무력하고, 실수와 약점을 감당하지 못해 무력하고, 갈등에 휘말려 무력하다. 권력은 모든 것을 손에 쥐고 두 번 다시 약한 모습을 보이지 않아도 되게, 남들은 왜소하고 자기는 위대하게 만들어 주겠노라고 약속한다. 이런 권력놀음을 우리는 정말 많이 보았다. 우리는 어떻게 다른 사람들에게 상처를 줄 수 있는지 잘 안다. 내가 다른 사람에게 모욕감을 주고 마음 아프게 한다는 것은 그 사람을 누를 권력을 쥐고 있다는 뜻이다. 그것은 그야말로 파괴적인 힘이다. 그 힘은 우리가 악마에게 머리를 조아리면서 떠받들 때 생긴다. 결국 우리는 우상을 섬기는 것이다. 권력을 쥐고 있는 것처럼 착각하지만 실은 권력에 미쳐 있는 것이다. 권력이 제 손아귀에 우리를 쥐고 있는 것이다.

토마스 만은 『파우스트 박사』에서 이런 상황을 인상적으로 묘사했다. 소설에서 독일인 작곡가 아드리안 레버퀸은 비범한 음악을 작곡할 천재성을 갖기 위해 악마와 계약을 맺지만 그걸 얻는 대가로 사랑을 잃는다. 그는 평생 사랑을 느끼지 못한다. 누구든 권력에 목매다는 사람은 사랑할 능력을 잃는다. 사랑이 주는 따뜻한 마음은 그의 삶에서 사라진다.

세 번째 유혹은 하느님의 모습과 관련된 것이다. 악마는 예수님께 성전 꼭대기에서 뛰어내려 하느님의 아들임을 증명해 보이라고 유혹한다. 게다가 하느님의 천사들이 예수님을 안전하게 받아줄 것이라고 말한다. 이것이 바로 영적 능력을 가진 사람이 느끼는 가장 큰 유혹이다. 영성을 남용하여 자신이 특별한 존재라고 생각하고 사람들에게 과시하고 싶은 유혹인 것이다. 이런 사람들은 깊은 영적 체험을 한다. 하지만 어느새 자신이 하느님인 양 행동한다. 그런 모습을 보고 사람들은 미친 듯이 열광한다. 예수님은 이런 유혹을 물리치셨다. 그분은 자신이 하느님의 아들이라는 사실을 알고 계셨다. 그러나 그분은 정말 인간이셨다. 한 인간으로서 사람들을 만나고 하느님에 대해 말씀하지만 자신을 내세우지 않았다. 이목을 끌려는 행동을 하지 않고 오직 하느님의 말씀을 선포하셨다. 오늘날 영적 능력을 지닌 많은 종교단체의 교주들이 그 능력을 남용하고 있다. 그들은 영적 체험을 하게 해 주겠다고 약속하면서 그 대가로 무조건 복종을 요구한다. 그러나 예수님은 이런 유혹을 물리치셨다.

내가 예수님께 매료된 이유는 그분이 이런 유혹이 있다는 사실을 잘 알고 실제로 유혹을 받기도 하셨지만 넘어가지 않았기 때문이다. 유혹받은 예수님이라 더욱 친근하다. 그분이 내 심정을 이해하신다는 걸 내가 안다. 나를 더욱더 강하게 만드는 유혹도 있다. 안토니우스 교부는 이집트의 사막에서 이 사실을 깨달았다. 성인은 이 유혹을 나무가 더 깊이 뿌리 내리도록 닦달하는 강풍에 비유했다. 그런가 하면 우리 인간성에 위협이 되는 유혹도 있다. 예수께서 사막에서 몸소 겪으며 물리친 세 가지 전형적인 유혹이 바로 그것이다.

여러분도 이런 유혹을 느낍니까? 여러분에게 가장 강한 유혹은 무엇입니까? 사람, 일, 피조물, 하느님, 때로 여러분은 이 모든 것을 자신을 위해 이용하려고 하지는 않습니까?

권력에 매력을 느낄 때는 언제입니까? 자신을 내세우려고 남들을 궁지에 몰아넣는 권력 놀음을 해 보았습니까?

가장 위험한 유혹은 자신을 위해 하느님을 이용하는 것입니다. 여러분은 이런 유혹에 어떻게 맞섭니까? 여러분은 혹시 구루로 자처하며 거짓 권위와 무류성을 내세우는 자들에게 속고 있지는 않습니까?

이런 유혹이 있을 수도 있고 언제든 나를 위험에 빠뜨릴 수 있다는 사실을 알고 있어서 안심입니다. 나 혼자만 이런 유혹을 느끼는 것이 아니라는 사실도 압니다. 예수님도 이런 유혹을 똑같이 당했습니다.

29. 눈물 흘리는 예수

움베르토 에코의 소설 『장미의 이름』에는 "예수님이 과연 웃었는지"
를 두고 격론을 벌이는 장면이 나온다. 요즘처럼 농담을 즐기는 시대
에는 별것도 아닌 문제다. 예수께서 울었다는 사실을 받아들이기가
오히려 더 난감하다. '예수님' 하면 중심이 똑바로 서 있고 하느님으
로 충만한 모습, 어떤 일에도 흔들리지 않는 의연한 모습이 떠오른
다. 하지만 복음서에는 예수님이 우는 이야기가 나온다. "예수께서
예루살렘 가까이 이르러 그 도성을 바라보며 우셨다. '오늘 너도 평
화를 얻는 길을 알았더라면 얼마나 좋으랴! 그러나 지금 네 눈에는
그것이 보이지 않는구나!'"(루가 19,41-42).

예수님은 예루살렘의 운명을 걱정하며 눈물을 흘리셨다. 이 성스런
도시가 로마인들에 의해 파괴될 것이라는 사실을 예견하셨다. 그래
서 예루살렘의 모든 사람들에게 하느님 나라를 선포하시며 그들을
회개시키는 데 온갖 노력을 기울이셨다. 하지만 아무런 소용이 없었
다. 예수님의 노력은 허사가 되었다. 유다인들에게 예루살렘은 꿈이
실현되는 곳이었다. 예수님도 유다인이셨던 까닭에 이 성스런 도시
에 들어오실 때 가슴이 벅차올랐다. 그리고 도시의 운명을 생각하니
가슴이 미어지도록 아팠다. 이방인들은 이 도시를 파괴하고 "돌 위에
돌 하나도 남겨 두지 않을 것이다"(루가 19,44). 예루살렘 사람들은 눈

이 멀어서 하느님께서 몸소 예수님의 모습으로 자신들을 찾아오셨다는 사실을 알아차리지 못했다. 그래서 예수님은 눈물을 흘리며 슬퍼하셨다. 그것은 슬픔의 눈물, 무력감의 눈물이었다. 그분은 예루살렘을 회개시키려는 당신의 노력이 허사였다는 것을 통감하셨다. 기적으로도, 말씀으로도, 사랑으로도 예루살렘 사람들의 마음을 돌릴 수 없었다.

라자로의 죽음 앞에서 예수님은 또 한번 눈물을 흘리셨다. 마리아가 죽은 오빠 때문에 울고 친구들도 우는 모습을 예수님이 보셨다. "예수님은 마리아도 울고 함께 온 유다인들도 우는 것을 보고 마음이 격앙하여 산란해지셨다. 예수께서 '어디 묻었습니까?' 하고 물으시니 그들이 '주님, 와서 보십시오' 하고 대답했다. 예수께서 눈물을 흘리셨다. 그러자 유다인들이 '보시오, 얼마나 그를 사랑했는가!' 하였다"(요한 11,33-36). 여기서 그분이 흘리신 눈물은 친구를 위한 애도의 눈물이고, 죽은 친구의 누이에 대한 연민의 눈물이었다. 그리고 그 눈물은 라자로에 대한 사랑의 표현이었다. 그분도 영락없는 인간이셨다. 죽은 라자로가 되살아나리라는 희망을 가졌으면 슬퍼하지 않을 만도 한데 실제로 그러지 못했다. 그리고 죽은 친구의 누이가 겪을 슬픔도 헤아리셨다. 그 누이의 슬픔을 보니 예수님도 슬펐다. 복음서에는 예수께서 "마음이 격앙하여 산란해지셨다"는 구절이 두 번이나 나온다(33절과 38절). 그리스어 원문에는 "분노하셨다"는 표현이 나오는데, 이 말에는 슬픔과 분노가 한데 뒤엉켜 있다는 뜻이 담겨 있다. 예수님은 이런 상황을 외면하지 않았다. 이 상황을 온몸으로 받아들이셨다. 사람들의 슬픈 운명을 보고 절절하게 감정을 표현하는 모습에서 그분의 따뜻한 인간애가 느껴진다.

붓다는 속세의 굴레가 모든 고뇌의 근원이라고 설파했다. 그래서 웃으면서 내면의 자유를 체험하기 위해 이 굴레를 벗어버렸다. 예수님은 세상일을 몸소 겪으셨다. 고뇌를 온몸으로 받아들이면서 느끼셨다. 고뇌하면서 마음이 아파 눈물 흘리셨다. 나는 눈물 흘리는 예수님이 동요 없이 속세를 초탈한 붓다보다 더 가깝게 느껴진다. 예수님은 나와 함께 공감하신다. 그분은 내 가슴에 응어리진 눈물을 쏟아낼 용기를 주신다. 내가 울면서 사랑과 고통, 슬픔과 기쁨이 어우러진 내 마음을 만나게 하신다. 팜보 성인은 이렇게 말한다. "당신에게 따뜻한 마음이 있다면 구원받을 수 있습니다". 예수님은 따뜻한 마음을 가지고 계셨다. 그래서 안심하고 내 마음속 감정을 밖으로 드러내라고 말씀하신다.

여러분은 최근 눈물을 흘리며 운 적이 있습니까? 그럴 때 마음이 어떻습니까? 울고 싶은데 울지 못할 때의 심정은 어떻습니까? 한번 울기 시작하면 그치지 못할까봐 걱정됩니까?

여러분은 다른 사람의 고통을 보면서 슬픈 감정을 드러냅니까? 아니면 '침착하게' 보이려고 감정을 감춥니까? 눈물 흘리며 우는 예수님은 차라리 울며 슬퍼하라고 여러분에게 말씀하십니다. 이 눈물은 슬픔의 터널을 지나 새로운 삶으로 여러분을 인도할 것입니다.

30. 발 씻어 주는 예수

돌아가시기 전날 저녁 예수님은 제자들의 발을 씻어 주셨다. 당시 이스라엘에서는 식사를 할 때 종들이 주인의 발을 씻어 주는 풍습이 있었다. 그때는 맨발로 다니거나 샌들을 신고 다녔기 때문에 발이 더러웠다. 그래서 발 씻는 일이 중요했다. 발을 씻으면 마음까지도 상쾌했다. 그런데 샌들을 신고 다니는 사람이 많지 않아서 발을 다치는 일이 잦았다. 발을 씻는 종은 주인의 발을 조심스럽게 손으로 받치고 상처를 살폈다. 그리고 상처에 기름을 발랐는데, 기름은 고대에 흔히 사용하던 치료제였다. 예수님은 종들이 할 일을 제자들에게 해 주셨다. 제자들을 위해 발 관리사가 되셨다.

요한 복음에 의하면 예수님은 제자들의 발을 씻어 주는 일에 두 가지 의미를 부여하셨다. 그 중 하나는 상징적인 의미다. 예수님은 강생과 십자가의 죽음을 통해 사람 앞에 몸을 굽혀 발을 씻어 주신다. 사람이 때 묻어 자신이 세속적 존재임을 매일 몸으로 체험할 때마다 예수님은 사랑스럽게 어루만지며 씻어 주신다. 예수님은 당신이 하시는 일을 전신목욕에 비유하신다. "목욕을 한 사람은 발 말고는 더 씻을 필요가 없습니다. 그는 온전히 깨끗합니다"(요한 13,10).

예수께서 발을 씻어 주기 전에 제자들은 이미 목욕을 한 상태였다. 여기서 말하는 목욕이란 무엇인가? 예수님의 공생활은 제자들에게 전신목욕과도 같았다. 제자들과 이별하는 자리에서 예수님은 당신 말씀이 정화의 힘을 가지고 있다고 하셨다. "내가 말한 그 말로 말미암아 이미 그대들은 깨끗합니다"(요한 15,3). 이 말씀을 묵상하다 보면 어떻게 말씀을 통해 내가 깨끗해질 수 있을까 하는 의구심이 종종 들었다. 그런데 경험을 통해서 이 말씀의 의미를 깨닫게 되었다. 1970년대 나는 칼프리트 뒤르크하임 백작(그리스도교 신비주의 사상과 일본 선 불교의 신비주의를 비교·연구한 심리치료사이자 문화철학자 — 역자 주)을 자주 방문했다. 그분의 강연을 세 번쯤 듣다 보니 다음에 무슨 말을 할지 감이 잡혔다. 뒤르크하임 백작의 강연을 듣고 있으면 마음이 정리된 듯한, 마치 정화된 듯한 느낌을 받았다. 사람을 설득한답시고 장황하게 말을 늘어놓는 사람을 본 적이 있다. 또 나를 지저분하게 만드는 듯한, 마치 깨끗하지 못한 감정을 내 몸에 끼얹는 듯한 느낌을 주는 사람도 있다. 그런데 어떤 사람의 말은 나를 목욕시키는 듯한 느낌을 준다. 나는 정화되고 나 자신과 일체를 이룬다.

예수님의 말씀을 들은 제자들은 분명 정화된 느낌을 받았다. 자기 자신을 받아들이지 못하는 습성도 예수님의 말씀으로 씻겨 나가고, 죄책감도 수그러들었다. 그들은 죄가 씻겨진 듯한 느낌을 받았다. 예수님의 공생활은 제자들에게 마치 전신을 목욕하는 것과도 같았다. 제자들은 예수님의 말씀과 예수께서 보여주시는 징표에 의해 정화되었다.

이제 필요한 것은 정화를 완성하기 위한 발씻김이다. 발씻김은 예수께서 십자가에서 죽으심으로써 이루어졌다. 세상에 있는 동안 제자들은 계속 발을 더럽힐 것이다. 그러나 하느님의 집에 들어가려면 예수님의 십자가 죽음을 통한 발씻김이 필요하다.

십자가에서 예수님은 사람이 가장 상처받기 쉬운 부분을 어루만지셨다. 그리스 신화의 아킬레스건이 그런 부분이다. 갑주로도 적의 화살을 피할 수 없었기 때문이다. 죽음은 인간이 피할 수 없는 상처다. 예수님은 죽음을 통해 인간 앞에 몸을 굽혀 인간의 아킬레스건을 조심스럽게 어루만지고 죽음의 상처를 치유하신다.

요한 복음사가는 예수님의 십자가 죽음을 '들어 올림'이라 생각했다. 예수님은 죽음의 흙바닥에 이르기까지 몸을 굽혔는데 하느님은 그런 예수님을 들어 올려 영광스럽게 하셨다. 그야말로 역설적이다.

요한 복음사가는 예수께서 제자들의 발을 씻기는 모습을 모세가 사막에서 뱀을 청동 지팡이에 매다는 모습과 비교한다. 독사에 물린 사람도 지팡이에 높이 달린 뱀을 쳐다보면 상처가 치유되었다. 그리스 신화에서 지팡이에 매단 뱀은 치유의 신, 의사의 수호자 아스클레피오스를 상징한다.

십자가에 못박혀 달리신 예수님은 상처 입은 의사이다. 그분은 십자가에 달린 채 유한한 생명의 우리 인간들에게 가장 약한 부분을 보여주신다. 그것은 죽음의 상처다. 우리는 이 상처 때문에 고뇌하며, 온갖 상처가 여기 다 들어 있다. 요한 복음사가는 십자가 위의 예수님을 바라보면 모든 상처가 치유될 것이라고 생각했다.

그리고 예수님은 발씻김에 도덕적 의미를 부여하신다. "내가 행한 대로 그대들도 행하도록 나는 본을 보였습니다"(요한 13,15). 예수님은 새로운 행동의 모범이다. 예수님은 당신이 다른 사람의 머리가 아니라 발을 씻어 주는 분이고, 다른 사람의 발을 밟지 않고 스스로 몸을 굽혀 환부를 어루만지고 치유하는 분임을 제자들에게 몸소 드러내 보이셨다.

예수님의 영으로 충만한 사람은 다른 사람에게 전신목욕과 같은 효과를 준다. 기분이 상쾌해지고 생기가 돋아 정화된 느낌이다.

예수님을 생각하면서 여러분도 다른 사람에게 어떤 영향을 미치는지 생각해 보세요. 여러분은 주위 사람들의 발을 씻어 주는 사람입니까, 아니면 발길질을 하는 사람입니까? 여러분은 상쾌하게 발을 씻어 주는 듯한 느낌을 줍니까, 아니면 온통 좋지 않은 감정을 쏟아내는 그런 사람입니까? 여러분 주위 사람들은 어떻게 느끼고 있을까요? 예수님의 말씀과 행동을 묵상하면 여러분은 기분이 상쾌해지고 정화되고 생기를 얻습니까?

여러분은 자신의 상처를 받아들일 용기를 어디서 얻습니까? 예수께서 여러분의 아킬레스건을 애정 어리게 어루만지시고 발을 씻어 주시는 모습을 보면서 스스로 자신의 아킬레스건을 받아들여야겠다는 생각이 들지는 않습니까?

31. 하느님의 아들 예수

예수님은 최고의회에서 원로와 대제관과 율사에게 심문을 받으셨다. "'그러니까 당신이 하느님의 아들이란 말이오?' 하니, 그분은 '내가 그라고 당신들이 말합니다' 하고 말씀하셨다. 그들은 말했다. '이제 우리에게 증언이 무슨 필요가 있습니까? 자기 입으로 하는 말을 우리가 직접 들었으니까요'"(루가 22,70-71). 마태오 복음서에 의하면 대제관이 자기 겉옷을 찢고 화를 내며 말했다고 한다. "이자가 신성모독을 했습니다"(마태 26,65).

대제관은 왜 예수님 말씀을 하느님에 대한 모독이라 생각했을까? 성서대로라면 모든 인간은 하느님의 아들딸이다. 물론 예수께서 당신에 대해 하신 말씀은 분명히 이와 달랐으며 하느님과 당신의 관계도 다르게 생각하셨다. 그분이 유죄판결을 받으신 이유는 기존의 통념과 달리 당신이 하느님의 아들이라고 생각하셨기 때문이다.

오늘날 많은 사람들은 예수님을 위대한 인물이나 종교의 창시자로 생각하고 있다. 또 대부분의 사람들이 예수님이 하느님의 아들이라는 사실을 믿지 못하고 있다. 나자렛 출신 예수라는 사람이 스스로 하느님의 아들이라고 하는 말을 도대체 어떻게 이해해야 할까?

이 말뜻은 두 방향에서 이해할 수 있다. 하나는 '위로부터' 이해하는 것이고, 또 하나는 '아래로부터' 이해하는 것이다. 요즘은 주로 '아래에서 위로' 이해하려 한다. 나는 예수라는 사람을 본다. 그분이 어떤 식으로 사람들을 만나서 어떤 말씀을 하셨는지 궁금하다. 나는 그분의 자유와, 분명한 생각, 자비와 사랑을 본다. 예수라는 사람을 보면 하느님을 느낀다. 내가 멋있다고 생각하는 것은 비단 예수님의 인격만이 아니다. 예수님의 인격에서 인간적인 면을 뛰어넘는 어떤 신비를 접하게 된다. 예수라는 사람을 통해 내가 느끼는 것은 하느님의 신비다. 이런 경험을 나는 이렇게 표현한다. "하느님은 이 사람을 통해 나를 만나신다. 하느님은 그분을 통해 유일하고 절대적인 방식으로 당신의 모습을 보여주신다. 이 사람이 바로 하느님의 아들이다."

과거 교회는 '위에서 아래로' 이해하려고 했다. 교회는 예수님이 스스로 하느님의 아들이라고 말씀하신 것을 지키기 위해 수백 년 동안 고심했다. 그 말씀은 단순한 추측이나 독선이 아니라 그 이상의 의미를 가지고 있었다. 예수님이 하느님과 닮았다는 말과 하느님과 똑같다는 말은 같은 말이 아니다. 왜냐하면 어느 말이냐에 따라 인간 존재를 이해하는 방식과 우리의 구원과 변모를 이해하는 방식이 달라지기 때문이다. 과거 교회는 하느님께서 몸소 강생과 구원을 주도하시며, 소외 · 죄 · 생명의 유한성 · 질병 · 죽음 같은 우리의 모든 것이 예수님을 통해 변화되고 치유된다는 사실에 관심을 가졌다. 교회의 기본원칙은 말하자면 "오로지 믿고 받아들여야 구원받는다"였다. 하느님은 예수님의 모든 인간적인 면을 받아들이셨다. 하느님은 출생과 죽음을 받아들이셨고, 기쁨과 고통, 어둠과 빛을 받아들이셨다. 그래서 모든 것이 구원되었다. "오직 하느님께서만 구원하실 수 있다"(McGinn). 그리스 교부들은 이렇게 확신했다. 하느님은 "타락한 인류 찾기를 중도에 멈추지 않고 타락한 인류가 있는 곳으로, 죽음으로 가신다"(McGinn). 물론 그렇다고 예수님이 인간으로 사셨다는 사실을 소홀하게 생각한 것은 아니었다.

예수님이 이상적이고 완벽한 인간으로 살지 않고, 우리처럼 장단점을 지니고 유혹과 시련을 겪으며 덧없고 유한한 삶을 살도록 하느님께서 섭리하셨다는 데 바로 구원의 신비가 있다. 이 그리스적 사유가 이제는 한물갔다고 여기는 사람들도 많다. 하지만 나는 예수님에 대한 이런 이해의 배후에 깊은 경험이 내재되어 있다는 생각을 한다. 하느님과 인간이 불가분의 관계이며, 하느님이 사랑과 성령으로 인간을 온전히 에워싸고 있다는 경험이 바로 그것이다. 그리스 교부들은 강생에 대한 우리의 갈망을 그렇게 설명했다. 작가 하인리히 뷜은 하느님의 강생과 인간의 강생 사이에 밀접한 관련이 있다는 사실을 자신의 작품에서 설득력 있게 묘사했다. 뷜은 예수님이 하느님의 아들이고 그리스도라고 생각함으로써 비로소 그분이 어떤 분인지 알게 되었다고 한다. "예수님을 그리스도와 따로 떼서 생각하는 것은 강생하신 분에게서 신성神性을 빼앗고, 또 강생을 기다리는 모든 인간들에게도 같은 짓을 하는, 그야말로 용납할 수 없는 기만행위라고 생각한다. … 나는 강생하신 분의 현존을 의심하지 않는다. 그러나 예수님 홀로 강생하실까? 그렇다면 그건 너무 막연하고, 감상적이고, 지어낸 이야기 같고, '신파조'다."

나는 하인리히 뷜의 소설을 즐겨 읽는다. 그의 작품은 예수님의 모습을 이상적으로 그리지 않는다. 오히려 사랑 때문에 고뇌하고 고독과 절망에 몸부림치는 사람들 한가운데 그분의 모습이 보인다. 예수님은 언제나 인간적이다. 뷜의 눈에 비친 예수님은 하느님의 아들이며, 인간이 되신 하느님이다. 우리의 강생이 이루어지리라는 약속의 징표가 바로 그분이다.

내가 강생하고 온전히 되는 길에 하느님의 영으로 충만하신 예수께서 함께 동행하신다는 사실이 나에게는 중요하다. 그분을 바라보면 어둡고 부끄럽고 약하고 실패한 내 모습이 하느님에 의해 변화되고 치유되어, 하느님이 지으신 대로의 모습을 갖게 되리라는 믿음이 생긴다. 강생하신 하느님의 말씀, 예수님은 하느님 말씀이 내 안에서도 강생하신다는 약속이다. 그리하여 나는 온전한 인간, 하느님의 아들이 된다.

여러분은 예수님이 하느님의 아들이라는 생각에 대해 어떻게 생각합니까? 여러분은 예수님을 어떻게 이해합니까? 그저 굉장히 매력적인 인간일 뿐입니까, 아니면 그분을 통해 하느님께서 독특하고 탁월한 방식으로 당신의 모습을 드러내고 있다고 생각합니까? 언제 예수님에게서 하느님의 모습을 보게 됩니까? 여러분은 예수님에게서 하느님과 인간의 모습을 동시에 봅니까?

여러분의 강생이 예수님 안에서 이루어진 하느님의 강생에 달려 있다는 하인리히 뵐의 생각에 동의합니까? 여러분 안의 온갖 인간적인 것들을 받아들이고 구원하시는 예수께서 하느님의 아들이라는 사실이 여러분에게도 복음입니까?

하느님이 예수님을 통해 사람이 되신 이 신비를 여러분은 어떤 말로 표현하겠습니까? 여러분에게 '강생'이란 무엇입니까?

나치에 살해된 예수회의 알프레드 델프 신부는, 인간은 하느님과 함께 있을 때 비로소 온전한 인간이 된다는 사실을 감옥에서 깨달았다고 합니다. 그 말에 동감합니까?

32. 다정다감 예수

하인리히 뵐은 예수님의 다정다감하심을 새롭게 발견했다. 그는 한 인터뷰에서, 교회가 오만한 독단주의에 빠져 누구에게나 옳은 것이 무엇인지 정확하게 안다고 내세우고 규범에 맞지 않은 것은 모두 단죄·고립시키고 있다고 비판했다. 그리고 예수님의 다정다감하심을 이런 독단론과 대비시켰다. "굳이 말씀드린다면 신약성서에는 '다정의 신학'이 있습니다. 말씀으로, 어루만짐으로, 입맞춤으로, 함께 하는 식사로, 그것은 언제나 치유의 효력을 발휘합니다. 그런데 이것을 규범으로 묶어 놓는 바람에 모두 망쳐 버렸습니다. '로마'가 교의와 규범, 말하자면 교리를 만들었다고 감히 말할 수 있을 것입니다. 여기서는 신약성서가 지닌 '다정함'을 전혀 찾아볼 수가 없습니다."

예수님의 다정다감함은, 가령 죄 지은 여인을 만날 때 드러난다. 그녀는 바리사이의 집에서 식사하시는 예수님의 발을 씻어 드렸다. 예수님은 그녀가 발을 씻도록 두셨고 정답게 대하셨다. 병자들을 치유하신 이야기에서도 사람들을 조심스럽고 다정하게 대하는 예수님의 모습을 볼 수 있다. 가장 인상적인 것은 귀먹은 반벙어리를 치유하신 이야기(마르 7,31-37 참조)다. 사람들이 누군가를 예수님께 데려왔다. 말을 하지 말라는 압력을 받고 무시당할 것이 겁나서 혀가 굳은 사람이었다. 그는 듣지도 못했다. 사람들로부터 험한 말을 하도 많이 들어서 이제는 아예 귀를 막고 있었다. 예수님은 군중 가운데서 겁에 질리고 기가 죽은 그 사람을 따로 데리고 나오셨다. 그에게만 관심을 쏟으려는 것이다. "예수께서 그를 군중 가운데서 따로 데리고 나오시어, 당신 손가락을 그의 두 귀에 넣었다가 침을 뱉어 그의 혀를 만지셨다. 그러고는 하늘을 우러러보고 한숨을 쉬시며 '에파타', 곧 '열려라' 하셨다"(마르 7,33-34).

예수님은 귀가 멀고 말을 하지 못하는 그 사람에게 '특진'을 해 주셨다. 그의 "두 귀에" 손가락을 넣으셨다. 매우 민감한 부분이다. 그리고 말로써 숱하게 상처 입은 그의 귀를 다정하게 만져 주셨다. 사랑스럽게 어루만지며 상처 주는 말에는 귀 막아 주시고 사랑과 관심의 말에는 다시 귀를 열어 주셨다. 예수님의 세심한 행동에는 이런 뜻이 담겨 있다. "주위 사람들에게 험한 말이나 따돌리는 말을 듣더라도 그 사람들이 당신과 가까이 지내려고 그런다고 생각하세요. 말을 듣는다는 것은 관계를 맺게 된다는 뜻이지요. 말이 아니라 그 말에 담긴 마음에 귀 기울여 보세요."

예수님은 말 못하는 남자의 혀에 침을 발라 주셨는데, 하인리히 뵐의 말대로 그 행위가 입맞춤일 수도 있다. 예수님은 입맞춤 같은 내밀한 신체 접촉도 꺼리지 않으셨음이 분명하다. 그분은 당신의 혀로 말 못하는 사람의 혀를 풀어 주셨다. 그리고 고개를 들어 하늘을 보셨다. 사랑스럽게 어루만지면서 마음 문이 닫힌 그의 머리 위로 하늘을 열어 주셨다. 예수님의 다정다감은 하늘에 계신 아버지의 사랑과 통한다. 예수님의 다정다감을 통해 하느님의 정다운 사랑이 전해진다. 예수님은 한숨을 쉬셨다. 아픈 사람과 고통을 함께 나누고 측은한 마음을 가지셨다. 그를 위해 마음을 여셨다. 인간적 사랑과 신적인 사랑이 서로 통하는 곳에서 귀먹고 말 못하는 사람에게 용기를 주셨다. "에파타(열려라)!"(마르 7,34). 머리 위로 하늘이 열리고 고통을 함께할 사람이 곁에 있어야 입을 열어 "제대로 말할 수 있다". 그는 말 때문에 '낙인'찍히거나 비난받을지 모른다는 불안감을 떨치고 가슴에 담아둔 생각과 소망을 말할 수 있게 되었다. 사랑 안에서 우리는 말을 하고 관계를 맺고 다른 사람의 마음에 가 닿을 수 있다.

예수님은 남녀를 가리지 않고 모두에게 다정다감하셨다. 한번은 18년 동안 등이 굽은 채 살아온 여인(루가 13,10-17 참조)에게 다정하게 손을 얹으셨다. 12년 동안 하혈증을 앓은 여자가 예수님의 옷에 손을 댄 일도 있었다(마르 5,25-34 참조). 유다인들은 이 행동이 불결하다고 생각했다. 그녀의 손이 닿는 것이 꺼림칙했다. 그러나 예수님은 머뭇거리지 않았다. 오히려 그녀의 병을 치유해 주고 그녀의 용기를 칭찬했다. 예수님의 다정다감하신 모습에 여성성과 남성성이 공존한다는 것은 맹인을 치유할 때 잘 드러난다. "예수께서 맹인의 손을 잡고 마을 밖으로 데려가 눈에 침을 바르고 손을 얹어 주신 다음, '무엇이 보입니까?' 하셨다"(마르 8,23). 침은 대개 정답고 어머니 같다. 아이가 다치면 엄마는 침을 발라 주며 이렇게 말한다. "이제 금방 나을 거야." 예수께서 주신 것은 당신 자신과 당신의 각별한 마음이었다. 눈먼 사람이 아직 제대로 보지 못하자 눈에 한번 더 손을 얹으셨다. 예수님은 하느님의 치유력뿐 아니라 당신의 사랑까지 손을 통해 흘러들게 하셨다. 그리고 아이를 다정하게 어루만지고 쓰다듬는 엄마처럼 맹인을 대하셨다. 눈먼 사람이 온전히 뜬 눈으로 세상을 보려면 더 많은 관심과 손길을 필요로 한다는 사실을 엄마의 마음으로 이미 알고 계셨다.

영적 전통 속에서 몇몇 작가들은 예수님을 어머니로 불렀다. 아버지처럼 다정하실 뿐 아니라 어머니처럼 아픈 사람을 보살피고 다정한 손길로 어루만져 주시는 예수님의 모습을 그렇게 표현하고자 했다. 그분의 다정다감하신 모습은 구체적인 인간관계에서 나타난다. 예수님은 어떤 이념이나 원칙을 내세우지 않았고, 사람들이 옷을 만져도 언짢아하지 않았으며 규범이 아니라 마음 가는 대로 사람들을 만나셨다.

속으로는 다른 사람을 사랑스럽게 대하고 싶은데 주위의 이목 때문에 주저하거나 쑥스러워하면서 돌아서지 말고 마음 가는 대로 행동하라고 예수님은 말씀하신다. "저 사람이 원하지 않을 거야. 다른 사람들이 뭐라고 하겠어? 이러면 내가 너무 친한 척하는 거 같잖아? 저 사람이 원해서가 아니라 내가 만족하고 싶어서 그러는 게 아닐까?" 예수님은 자신의 마음을 잘 헤아리셨다. 그리고 다른 사람의 마음을 잘 읽었고 자신과 타인 모두에게 좋은 일을 하셨다.

여러분은 자신에게 다정다감합니까? 여러분은 다정한 손길이 닿는 것을 꺼립니까? 누군가 다정한 손길로 여러분을 어루만지면 기분이 어떻습니까? 정다운 마음이 그립습니까? 그럴 때 여러분은 어찌합니까?

다른 사람을 다정한 손길로 만질 수 있습니까? 다른 사람에게 사랑을 베풀고 싶을 때는 어떻게 합니까? 구실을 내세우며 주저합니까? "저 사람이 원하지 않을 거야. 다른 사람들이 뭐라고 하겠어? 이렇게 하면 내가 너무 친한 척하는 거 같잖아? 저 사람이 원하는 게 아니라 내가 만족하고 싶어서 그러는 게 아닐까?" 오늘은 마음에서 우러나는 대로, 마음 가는 대로 여러분의 다정한 마음을 보여주세요.

하인리히 뵐은 사람들이 규범과 규정을 내세우며 핑계를 대고 있다고 꼬집었습니다. 예수님의 다정다감하심을 본받지 않으려고 애써 규범과 규정을 내세운 적은 행여 없습니까?

33. 메시아 예수

예수께서 제자들에게 당신을 어떻게 생각하는지 물으시자 베드로가
대답했다. "살아 계신 하느님의 아드님 그리스도이십니다"(마태 16,16).
예수님은 대답을 들으시고 베드로를 칭찬하셨다. "복되도다, 요나의
아들 시몬, 사람이 아니라 하늘에 계신 내 아버지께서 계시해 주셨으
니!"(마태 16,17).

메시아라는 개념은 오늘을 사는 우리에게 너무 낯설다. 그 옛날 유다
인들의 메시아 개념에는 하느님께서 세상에 관여해 주셨으면 하는
간절한 소망이 담겨 있었다. 메시아는 이스라엘 백성을 이민족의 지
배에서 해방시켜 평화롭게 살게 하고 억압받는 백성에게 자의식을
심어 주실 분이었다. 그는 약속된 땅으로 백성을 인도한다. 거기서는
누구나 자기 뜻을 펼 수 있고, 능률을 극대화하라고 '채근하는 감독'
의 억압도 없다. 메시아는 하느님의 통치를 지상에서 볼 수 있게 해
준다. 하느님은 모든 인간들 가까이 계시다. 하느님께서 가까이 계시
면 평화는 두 번 다시 깨지지 않을 것이다.
　메시아 개념을 당시의 신학적 관점에서 이해하는 것만으로는 부족
하다. 이 개념이 오늘을 사는 나에게 무슨 의미가 있을까? 이 개념을
통해 예수님을 새롭게 볼 수 있을까? 메시아라는 말을 번역하면 '기
름부음을 받은 자'라는 뜻이다. 이 말을 되새기면 기름의 신비에 대

해 생각하게 된다. 기름은 아름답게 꾸밀 때 바르는 것이다. 기름은 용모를 돋보이게 하고 좋은 향을 풍긴다. 기름을 몸에 바르면 기름 향내가 난다. 기름은 작렬하는 태양빛과 대지의 생명력을 인간에게 전해 준다. 기름은 탈진한 사람에게 생기를 북돋우고, 아픈 사람을 치유하고, 열을 내리고, 고통을 던다. 기름은 거칠고 딱딱한 것을 부드럽게 한다.

교부들은 메시아라는 히브리어를 '크리스토스'라는 그리스어로 옮기고, 늘 그리스도이신 예수님이라고 말했다. 베드로 그리솔로고 성인은 이런 말을 했다. "하느님의 아들이 … 신성神性의 향유와 함께 우리의 육신 속으로 흘러 들어오신 뒤 그 향유로 인해 그리스도라고 불리었다. 이렇게 하느님의 영이 흘러넘치고 하느님의 영이 쏟아 부어진 그분, 그분만이 이 이름의 유일한 주인이시다"(Photina Rech). 예수님은 이 땅에 사는 동안 하느님의 향유를 혈관 속에 보관하셨다가 죽으면서 그 혈관을 터뜨려 향기로운 그 향유를 우리 모두에게 쏟아 부으셨다. 그래서 교부들은 예수님을 "부어 놓은 향유"(아가 1,3)라고 불렀다.

교부들의 이런 생각에는 체험이 담겨 있다. 예수님을 통해 새로 태어난 듯한 기분을 느꼈다. 온몸에서 하느님 사랑의 향내가 나고, 기름에서 힘을 얻어 사지가 부드러워졌다. 죄의 더러움이 깨끗이 씻기는 기분이었다. 교부들에게는 그리스도라는 말이 공허한 교의적 개념이 아니라 그들을 매료시키는 어떤 이미지였다. 교부들은 붕대로 상처를 싸매듯 향유로 일상의 경험을 싸맸다. 그들은 목욕을 한 뒤 몸에 기름을 바르고 그 향내를 음미하면서 자신의 아름다움과 존엄을 체험했다.

마태오 복음에서 베드로가 예수님을 메시아라고 부를 때 그가 염두에 둔 것은 향유의 의미가 아니라 자유와 평화였다. 마태오 복음사가는 모세의 전통이 전하는 메시아 개념을 사용했다. 모세를 메시아의 원형으로 여긴 유다인들이 많았다. 모세는 자기 백성을 평화로 이끌었다. 마태오 복음사가는 예수님을 제2의 모세로 생각했다. 모세처럼 예수님도 다섯 번의 설교와 열 번의 기적을 베푸셨다. 메시아 예수님은 말씀으로 하느님의 자비를 선포하셨고, 해방하시는 하느님의 힘을 행적으로 보여주셨다. 예수님은 말씀과 행적을 통해 사람들의 마음을 어루만지셨다.

유다적 메시아나 그리스적 그리스도(기름부음을 받은 사람)나 다 같은 예수님을 이야기한다. 우리에게 새 빛을 던져줄 분이 예수님이고, 우리가 인간존재의 존엄성에 대해 기뻐할 수 있는 땅, 하느님 사랑의 향기를 향유할 수 있는 땅으로 우리를 인도해 주실 분이 바로 예수님이라는 것이다. 흔히 우리는 '예수 그리스도'라고 말하지만 뜻을 제대로 모르는 경우가 대부분이다. '그리스도'가 그저 이름이겠거니 한다. 별생각 없이 그 말을 하고 가슴에 와 닿지도 않는다. 내게는 이 이름이 중요하다. 예수께서 하느님을 닮은 나의 존엄성과 아름다움을 복원해 주시기를 바라는 나의 마음이 이 이름에 담겨 있다. 그리고 이 이름에는 기름 바를 때의 느낌이, 상쾌하게 목욕을 하고 난 뒤 바르는 향 좋은 기름에 대한 체험이 담겨 있다.

목욕하고 난 뒤에 기분이 어떻습니까? 좋은 크림을 온몸에 바르면 어떤 기분이 듭니까? 이러한 경험을 여러분이 만나는 사람과 연관 지어 보세요. 만날 때마다 '향 좋은 기름을 바른 것' 같은 느낌을 주는 사람은 어떤 사람입니까? 그 사람의 어떤 점이 그런 느낌을 주나요? 그에게서 어떤 느낌을 받나요?

　이런 경험을 그리스도 예수님과 결부시켜 보세요. 여러분을 상쾌하게 하고 고통을 덜어 주고 치유하고 생기 넘치고 아름답게 만드는 분, 이런 그리스도의 의미를 깨달으실 겁니다. 그리고 4세기의 경건주의 교부 성 암브로시우스가 "예수님 말씀의 새로운 향기"를 찬양한다는 말을 이해하게 될 것입니다.

34. 왕 예수

정치무대에서 왕은 사라졌다. 누구를 굳이 왕이라 부른다면 그것은 그에게 위엄이 있다는 뜻이다. 그러나 누군가 스스로 왕 노릇을 하려 든다면 당연히 주위의 반감을 살 것이다. 그런 사람은 항상 중심에서 모든 일을 혼자 결정하려 든다. 동화나 신화 속의 왕은 다른 힘에 지배받지 않고 스스로 결정하는 사람의 전형적인 상징이다.

동화에는 생명의 물을 찾으러 떠나는 세 왕자가 등장한다. 인간 내면에는 진정한 자아를 찾기 위해 변해야 할 세 영역이 있다. 그리스 철학, 특히 플라톤에게 왕은 이데아에 대한 지식을 소유한 철인哲人이다. 이 왕은 삶의 영욕과 빛과 어둠의 신비를 알고 있다.

성서는 비유와 수난사화에서만 예수님을 왕이라 칭한다. 예수님은 최후심판에 대한 말씀에서 당신을 왕에 비유하신다. 이 왕은 양들에게 이렇게 말한다. "내 아버지의 축복을 받은 사람들아, 와서 창세 때부터 너희를 위해 마련해 둔 나라를 상속받아라"(마태 25,34). 십자가에 달리신 예수님의 머리 위쪽에 "죄목을 붙여 놓았는데 '이는 유다인들의 왕 예수'라고 적혀 있었다"(마태 27,37). 사람들은 그분을 왕이라고 부르며 조롱했다. "유다인 왕이라면 너 자신이나 구하려무나!"(루가 23,37). 왕이라는 칭호가 로마인에게는 예수님을 처형할 근거였고, 유다인에게는 예수님을 조롱할 이유였다. 로마인이건 유다인이건 자신들이 생각하는 왕과 예수님은 거리가 멀었다. 십자가는 그들이 생각하는 왕의 모습과 어울리지 않았다. 예수님은 유다인들이 기대하는 것과는 다른 의미의 왕이었다.

예수님이 스스로를 왕이라고 한 뜻이 무엇인지는 요한 복음사가가 설명한다. 심문 중에 빌라도는 예수님께 분명히 물었다. "당신이 유다인 왕이오?"(요한 18,33). 예수께서 대답하셨다. "내 나라는 이 세상에 속하지 않습니다. 내 나라가 이 세상에 속한다면 부하들이 싸워서 내가 유다인들에게 넘겨지지 않도록 했을 것입니다. 내 나라는 여기에 속하지 않습니다"(요한 18,36).

예수님은 매우 새로운 방식으로 당신의 왕국을 해석하셨다. 예수님은 왕다운 사람이었다. 그러나 그분의 왕국은 세상에 속하지 않았다. 예수님은 왕의 위엄을 하느님께 받으셨다. 따라서 누구도 그분의 나라를 문제 삼을 수 없다. 예수께서 당신 스스로에 대해 말씀하신 것은 모든 그리스도인에게 하나의 약속이다. 나 또한 자신에 대해 이렇게 말할 수 있다. "나의 왕국은 여기에 속하지 않습니다." 내 안에는 세상이 힘을 쓰지 못하는 영역이 있다. 내 안에는 아무도 찬탈하지 못할 왕의 위엄, '내면의 왕국'이 있다. 내가 온전히 나일 수 있는 곳에서 나는 훼손되지 않는다. 그곳에서는 내 안의 그리스도께서 왕권을 가지고 계시기 때문이다.

예수님이 하필 수난 중에 당신 나라에 대해 말씀하셨다는 것은 역설이다. 유죄판결을 받고 채찍질당하고 십자가에 못박히는 바로 그때 그분은 왕이셨다. 이렇듯 예수님은 온갖 굴욕과 모욕을 당하면서도 꿋꿋이 수난을 극복해 나가셨다.

그래서 나의 십자가 길에도 내면의 왕국은 건재하다. 내가 사람들에게 손가락질당하고 매도당할 때, 이해받지 못할 때, 비난받고 모욕당할 때, 웃음거리가 될 때, 내 안에는 누구도 훼손할 수 없는 그 무언가가 있다. 좌절할 때도 내 안에는 파괴될 수 없는 무언가가 있다. 죽을 때조차 신적 위엄을 내게서 뺏을 수는 없다. 세상에 속하지 않는 나의 왕국이 있다는 생각을 하면 이 세상에서 나는 자유롭고, 신뢰와 여유를 가지며, 아무도 파괴할 수 없는 내면의 힘을 얻는다.

"그렇다면 당신은 왕이오"라고 빌라도가 묻자 예수님은 대답하셨다. "내가 왕이라고 당신이 말합니다. 나는 진리를 증언하러 태어났고 바로 그 일을 위해 세상에 왔습니다. 누구든지 진리에 속한 사람은 내 목소리를 듣습니다"(요한 18,37). 예수님은 진리를 증언하는 사람을 왕이라고 생각하셨다. 이 말씀에서 그리스인들이 생각하는 왕이 어떤 모습인지 알 수 있다. 예수님은 현실을 덮고 있는 베일을 벗겨 내는 왕이다. 그분은 우리를 진리로 인도하고 자신의 지식을 나누어 주는 현자賢者다.

'지식'(앎)이란 말은 '눈으로 보다'라는 말에서 나왔습니다. 예수님은 사물의 근원을 보십니다. 그분은 하느님으로부터 인간을 보십니다. 그분은 "사람 속에 들어 있는 것을"(요한 2,25) 아십니다. 인간의 신비에 대한 그분의 지식은 십자가에서 절정을 이룹니다. 십자가는 모든 대립의 통일을 상징합니다. 예수님은 십자가에서 하늘과 땅, 빛과 어둠, 선과 악, 의식과 무의식, 여자와 남자를 만나십니다. 십자가에서 그분은 하느님과 인간의 신비 속에 봉헌됩니다.

요한 복음사가는 이렇게 말합니다. "예수님은 십자가 위에서 모든 사람들을 당신께 모아들이십니다. 십자가에서 그분은 우리를 진리로 인도하고,

모든 존재의 근거이며 사랑이신 하느님을 알아뵐 수 있도록 우리의 눈을 뜨게 해 주는 왕이십니다.”

왕이신 예수님을 생각하면 내게도 왕의 위엄이 있다는 사실을 의식하게 됩니다. 고통당하고 나약과 무기력에 빠졌을 때, 자신이 십자가에 못박힌 듯 느껴질 때도 왕다운 위엄을 잊지 말아야겠다는 자극을 받습니다.

아플 때, 일상의 갈등을 겪을 때, 약하고 과민해지고 불안할 때, 하느님께서 주신 소중한 것이 오직 내 안에만 있다고 생각해 보세요. 그것이 정말 사실이라면 여러분의 일상은 어떻게 달라질까요? 직장 상사에게 질책당할 때, 일이 잘되지 않을 때, 부부관계나 교우관계로 상처를 입을 때 어떤 마음으로 이를 받아들일까요?

35. 예언자 예수

사람들은 예수님에 대해 이렇게 말했다. "옛 예언자 가운데 한 분과 같은 예언자다"(마르 6,15). 루가 복음에 의하면 예수님은 스스로 예언자라 여기고 공생활이 끝날 무렵 일부러 예루살렘으로 가셨다고 한다. "예언자가 예루살렘 밖에서 죽을 수는 없습니다"(루가 13,33). 예수님은 자신의 삶이 십자가에서 끝나리라는 것을 알고 계셨다. 그분의 운명이 다른 많은 예언자들의 운명과 같으리라는 것을 알고 계셨다. 유다 민족의 역사에서 수많은 예언자들이 나타나 올곧게 하느님의 뜻을 선포했다. 그 예언자들처럼 예수께서도 하느님의 구원이 가까워졌다는 복음을 전하기 위해 목숨을 바쳐야 했다.

요한 복음에 의하면 사마리아인들이 예수님께 이렇게 말씀드렸다고 한다. "주님, 보아하니 예언자시군요"(요한 4,19). 요한 복음사가는 유다인들이 간절히 기다려 온 모세 같은 예언자, 아니 모세보다 더 위대한 예언자가 바로 예수님이라고 말한다. 예언자에 대한 기다림은 신명기에서부터 시작되었다. 모세는 자신에 대해 이렇게 말했다. "주 너희 하느님께서 너희 동족 가운데에서 나와 같은 예언자를 일으켜 주실 것이다"(신명 18,15). 예수님이 빵 다섯 개로 오천 명을 먹이신 일을 보고 사람들은 말했다. "이분이야말로 세상에 오시기로 된 바로 그 예언자이시다"(요한 6,14). 사람들은 신명기 이래 간직해 온 약속이 예수님을 통해 마침내 이루어졌다고 믿었다.

예언자는 어떤 사람인가? 예언자를 히브리어로 '나비'라고 하는데, 이 말은 '하느님께서 소명을 주신 사람'이란 뜻이다. 예언자는 하느님께 소명을 받은 사람이고 하느님의 뜻을 헤아려 인간에게 알리려고 외치는 사람이다. 구약성서에는 예언자에 대한 다른 이름이 있다. '선견자'라는 이름이다. "오늘날의 예언자를 옛날에는 선견자라고 하였던 것이다."(1사무 9,9). 그리스어 '프로페테스'prophetes는 '솔직하고 정중하게 말하는 사람'이란 뜻이다. 예언자는 누군가의 사명을 받고 그를 대신해서 다른 사람에게 전갈을 전하는 사람이다. 그리스 사람들은 예언자들이 성전에서 신탁을 받아 신들의 뜻을 전한다고 생각했다. 그리스에서 시인들은 여신 뮤즈의 예언자로, 철학자들은 진리의 예언자로 자처했다.

예수님은 당신께서 보신 것을 우리에게 알려 주셨다. "아버지 품 안에 계신 외아드님, 하느님이신 그분이 알려 주셨다"(요한 1,18). 예수님은 진정한 선견자다. 예수님은 당신께서 보신 것을 우리에게 나누어 주신다. 그분이 당신의 영을 우리의 머리 위에 쏟아 부으시니 우리도 예언자가 된다. 사도행전을 보면 루가 복음사가는 이렇게 말한다. "모든 육신에게 내 영을 쏟으리니 너희 아들딸들이 예언을 하고 너희 젊은이들이 현시를 보며 너희 늙은이들이 꿈을 꾸리라"(사도 2,17; 요엘 3,1).

꿈꾸는 사람은 더 깊이 더 멀리 본다. 그는 장차 사람들이 더불어 살 수 있는 새로운 방법이 있음을 깨닫는다. 예로부터 꿈은 영감과 상상과 창조성의 샘이었다. 예언자들은 사람의 마음을 움직이고, 우리에게 새로운 지평을 열어 준다. 그리스도교 역사에는 현시와 꿈을 가진 예언자들이 매우 많다. 마틴 루터 킹 목사는 흑인과 백인이 한

데 어울려 살기를, 교황 요한 23세는 창문이 활짝 열린 새로운 교회를 꿈꾸었다.

세례를 받을 때 인간은 기름부음을 받아 예언자가 된다. 예언자는 내가 생각하는 나의 소중한 모습이다. 예언자가 된다는 말은 하느님께서 나의 삶을 통해 이 세상에 계시하려는 것을 내가 내 삶을 통해 나타내 보이는 것을 뜻한다. 하느님은 나를 통해서 이 세상에 말씀하시는데 그 말씀은 오로지 나를 통해서만, 진실한 나의 모습을 통해서만 전해질 수 있다. 모든 인간은 고유하다. 모든 인간은 하느님께서 주신 유일무이한 모습을 가지고 있다. 나의 임무는 하느님의 유일무이한 모습이 나를 통해 이 세상에 빛나게 하는 것이다. 하느님께서 보내신 예언자이신 예수님, 나는 그분을 통해 내가 할 말을 할 수 있는 자신감을 갖게 되었다. 그리고 내 속에 있는 말을 전하는 것이 아니고 하느님의 영이 내 몸을 통해 전해진다는 사실을 늘 명심하는 것이다.

하느님께서 여러분을 통해 이 세상에 전하시려는 말씀이 무엇인지 생각해 보십시오. 지금까지의 삶과 재능과 마음의 상처, 경험, 삶의 영욕을 되돌아보면 이 세상에서 오로지 여러분을 통해 전해지는 유일무이한 말을 들을 수 있을 것입니다. 예언자이신 예수님은 하느님께서 자신 안에 넣어두신 것을 끌어내실 것입니다. 그리고 예수님은 여러분이 유일무이하고 고유한 존재이며 이 세상에 전해야 할 말이 있다는 확신을 주십니다. 여러분만이 전할 수 있는 전갈은 무엇입니까?

36. 사제 예수

모든 종교에는 남녀 제관이 있다. 제관들은 신과 인간 사이에서 일하는 중개자다. 이들은 신과 관계를 맺을 수 있게 인간을 도와준다. 로마인들은 제관을 '폰티펙스'(pontifex, 다리 놓는 자)라고 불렀다. 말하자면 제관은 인간들이 신에게 다가가고 신이 인간들에게 올 수 있도록 다리를 놓아 주는 임무를 띠고 있었다. 제사가 바로 이런 다리이다. 사목도 여기에 포함된다. 아시아 문화권에서 제관은 세상이 신을 받아들일 수 있도록 이끌고 인간과 신의 관계를 맺어 주는 관조적인 인간이다. 또한 속(俗)을 성(聖)으로 변화시키는 사람이고, 인간의 삶 속에 나타난 신의 흔적을 찾아내는 사람이다. 그리고 그는 하느님 앞에서 인간을 변호하는 변호인이자 대변인이다.

예수님은 한번도 스스로를 제관이라고 말씀하시지 않았다. 하지만 히브리서에서는 예수님의 본성을 설명하기 위해 대제관에 대해 이야기한다. "앞에서 말한 바의 요점은 이러합니다. 우리는 이 같은 대제관을 모시고 있으니, 곧 하늘에서 엄위하신 하느님 옥좌 오른편에 앉으신 분이요 사람이 아니라 주님이 세우신 성소와 참된 장막의 봉사자이십니다"(히브 8,1-2).

히브리서의 저자는 신앙생활에 지친 그리스도인들에게 용기와 희망을 북돋아 주려고 한다. 그래서 예수님을 대제관이라고 하면서 편지 받는 사람들이 예수님을 친근하게 받아들일 수 있게 한다. 구약성서에서 대제관의 임무는 인간의 관심사를 대변하고 인간의 죄를 씻어 줄 예물과 제물을 바치는 것이었다. 편지를 쓴 사람은 대제관의 모습을 하신 예수께서 인간과 깊은 유대를 맺고 계시다는 사실을 말하고자 했다. 히브리서에 의하면 인간의 근본적인 고뇌는 고독과 죄에서 온다. 곤경 속에서 아무도 우리를 도와주지 않는다고 여겨질 때 예수님은 우리 편이 되어 주신다. 그분 안에서 우리 삶은 이미 하느님의 영역으로 들어간다. 예수께서 아버지 오른편에 앉아 계시는 곳으로 들어가는 것이다. 죄와 죄책감은 1세기경이나 지금이나 많은 사람의 어깨를 짓누르고 있다. 예수께서 우리를 위해 피 흘리셨다는 말을 히브리서 저자가 한 이유는 피비린내 나는 '피의 신학'을 말하려는 것이 아니라 죄책감에 시달리는 인간들의 마음을 헤아리는 예수님의 인간적인 모습을 말하려는 것이다. 예수님의 피는 우리의 죄와 죄책감을 씻어 내는 사랑의 징표다.

히브리서에는 "제물"이라는 말이 자주 나온다. 그런데 오늘날 이 개념을 이해하는 일이 쉽지가 않다. "제물"이라는 말은 원래 히브리어로 '하느님에게 가까이 가다'라는 뜻이다. 히브리서 저자는 홀로 성전의 지성소에 들어갈 수 있는 대제관의 모습을 통해 예수께서 하느님 가까이 계시며 우리를 구원과 사랑의 하느님 곁으로 인도하신다는 사실을 말했다. 예수님은 우리의 선구자로 천상 성소에 들어가시어 우리에게 안전하고 견고한 닻을 던져 주신다. 그런데 이 닻은 "영혼의 닻과 같아서 안전하고 견고하며 휘장 안으로까지 들어가게"(히브 6,19) 해 준다. 우리는 예수님을 통해 이미 지성소에 들어와 있다. 천상의 성소, 거룩함과 구원이 있는 하느님의 영역 안에 이미 들어와 있다. 우리의 영혼은 이미 이곳에 닻을 내리고 있다. 우리 안에는 하느님의 거룩한 장막으로 통하는 길이 있다.

오로지 거룩한 것만이 구원을 할 수 있다. 예수님 당시 사람들은 그것을 확신했다. 우리는 예수님을 통해 하느님께 가까이 갈 수 있고 거룩한 장막에 자유롭게 들 수 있다. 거기서 우리는 치유와 구원을 체험한다. 또 히브리서에는 하느님의 안식일에 대한 이야기가 나온다. 예수님은 대제관으로서 천상 장막 안에서 하느님의 영원한 안식일을 지낸다. 예수님 안에서 우리의 불안한 마음은 안식을 얻는다. 또한 우리는 하느님의 안식일에, 완전해짐에 참여한다. 히브리서에 나오는 '텔레이오시스'(*teleiosis*, 완전해짐)라는 말은 우리가 고난과 역경의 순례 여정에 있지만 이미 목적지에 도달했다는 뜻이다. 우리가 지상의 나그네살이를 하지만 전례를 거행하는 곳에서는 지금도 영원한 안식을 느낄 수 있다. 그래서 우리는 지금 가고 있는 길이 확실하다는 믿음을 갖게 된다.

히브리서의 예수님 모습은 인간적이면서 우리에게 위안을 준다. 제관이라는 말이 낯설거나 이질적이지 않다. 예수님은 우리가 제관으로서 자유롭게 하느님께 가까이 갈 수 있도록 해 주셨다. 하느님은 이제 멀리 계시는 분이 아니다. 하느님은 예수님을 통해 우리 곁으로 오셨다. 예수님은 우리가 하느님 곁에서 구원과 해방을 누릴 수 있도록 중개해 주셨다. 우리는 하느님 곁에서 몸을 추슬러 일어설 수 있고 안도할 수 있다. 하느님 친히 우리 가운데 계시다. 그분은 우리의 중심이 되셨다. 히브리서 저자는 하느님과 인간의 중재자인 제관을 예로 들어 말한다. 예수님은 우리의 변호사다. 그분은 하느님 곁에서 우리를 대변해 주신다. 우리는 홀로 길을 가는 것이 아니다. 우리를

이해해 주고 우리 마음을 헤아리는 대제관을 모시고 있다(히브 4,15 참
조). 그분은 우리 곁에 계시다. 예수님을 통해 하느님은 몸소 우리 곁
에 계시다. 그분은 인간들의 하느님이시다. 언뜻 보기에는 무슨 뜻인
지 알 수 없지만 이것이 바로 우리가 "미쁨을 가지고 은총의 옥좌로"
(히브 4,16) 나아가도록 히브리서가 전하는 예수님의 메시지다.

제관(사제)이란 말에서 무엇이 연상됩니까? 사제에 대해 여러분은 어떤
경험을 했습니까? 어쩌면 여러분은 이 경험 때문에 제관이신 예수님의 모습
을 올바로 이해하거나 이해하지 못할 수 있을 것입니다.

오늘날에도 사제는 많은 이들의 가장 간절한 소망을 듣는 사람입니다. 여
러분은 사제나 혹은 여사제라는 말을 들으면 어떤 소망을 가집니까? 이런
소망을 예수님께 돌린다면 예수님은 여러분에게 어떤 의미가 있습니까? 여
러분은 그분 안에서 무엇을 발견합니까?

37. 삶의 선도자 예수

루가 복음사가는 예수님을 "삶의 선도자이며 창시자"(아르케고스 테스 조에스 archegos tes zoes)라고 말한다. 루가가 예수님에게 붙인 이 멋진 이름은 무슨 뜻일까? 어떤 체험을 했기에 이런 예우를 하는 걸까? '아르케고스'라는 말은 '창시자·선동자·설립자·선도자·군주'라는 뜻이다. 루가 복음사가는 예수님을 삶의 선도자로 생각했다. 예수님은 우리를 삶으로 인도하고 우리에게 삶의 비법을 알려 주신다. 그분은 삶이 무엇인지 가르치신다. 우리가 길을 갈 때 예수님은 선도자로서 우리를 앞에서 이끄신다.

루가 복음사가는 "삶의 선도자"라는 이름의 의미를 비유로 설명한다. "어떤 부인이 드락메 열 닢을 가지고 있다가 한 닢을 잃으면 등불을 켜고 집안을 쓸며 찾아낼 때까지 샅샅이 뒤지지 않겠습니까? 그러다가 찾아내면 벗과 이웃들을 불러모아 '함께 기뻐해 주시오. 잃었던 드락메를 찾았소' 할 것입니다"(루가 15,8-9). 숫자 10은 전체를 나타내는 숫자다. 이 부인이 잃어버린 드락메 한 닢은 잃어버린 자기 자신이고 잃어버린 자신의 중심이다. 그녀는 자신과의 관계를 단절한 채 '그럭저럭' 살고 있다. 예수님은 이 부인의 예를 통해 자신을 돌아보지 않는 많은 사람들의 실상을 보여준다. 겉으로는 매사가 잘 돌아간다. 하지만 자신을 돌아보는 일은 하지 않는다. 예수님은 잃어버린 드라크메 한 닢을 찾는 부인의 행동과 당신의 행동을 비교하셨다. 예수님이 찾는 사람은 우리 자신이다. 그분은 당신 사랑의 등불을 켜고 그 불빛에 우리 모습을 보게 하신다. 그분은 우리 집에 켜켜이 쌓인 쓰레기를 말끔히 쓸어내신다. 비유에서처럼 그분은 우리를 발견할 때까지 "지칠 줄 모르고" 우리를 찾으러 다니신다. 그리고 우리와 함께 축제를 벌이신다. 그것은 하나 됨의 축제, 강생의 축제, 삶의 축제이다.

삶의 선도자이며 선동자이신 예수님의 모습은 루가 복음에서 매우 다양하게 나타난다. 예수님은 우리가 잃어버린 것을 찾아 우리를 온전하게 만드심으로써 우리를 삶으로 이끄신다. 그분은 우리에게 '삶'을 살라고 선동하신다. '선동하다'라는 의미의 독일어 '안슈티프텐' anstiften은 '슈티프텐'stiften에서 나왔는데, 이는 '선사하다, 설립하다, 실현시키다, 건축하다'라는 뜻이다. 예수님은 우리가 참삶을 살도록 말씀과 행동으로 선동하신다. 예수님의 말씀이 처음에는 낯설게 느껴지지만 그 말씀을 통해 우리는 진정한 삶에 눈뜨게 된다. 우리가 마음을 열고 진정한 삶을 받아들이게 하기 위해 그분은 우리의 심기를 건드리신다. 우리 안의 모든 죽은 것들을 재발견할 수 있도록 그분은 우리를 눈뜨게 해 주신다. 종종 우리는 스스로 살지 못했고 그럭저럭 휩쓸려 살았다. 예수님은 본연의 삶을 살라고 우리를 선동하신다. 그분은 우리가 가야 할 길을 가라고 용기를 북돋아 주신다. 그래야 우리가 생기를 되찾고 삶을 증거할 수 있다.

오늘날 많은 그리스도인들이 삶의 선도자이신 예수님을 오히려 삶의 도피처로 생각하고 있으니 실로 안타깝다. 그들은 삶의 시련이 두려워 예수님께 도피한다. 이런 식으로 예수님의 뜻을 왜곡해서는 안

된다. 예수님은 삶이 있는 곳에 계시지 삶이 두려워 경건한 규범에나 의탁하는 사람들 곁에 계시지 않는다. 남의 말에 신경 쓰지 말고 자신의 삶을 살라고 예수님은 쉴 새 없이 우리를 선동하신다.

무엇이 여러분을 삶으로 인도합니까? 어디서 여러분은 생동감을 느낍니까? 삶과 삶의 질을 생각할 때 여러분이 갈망하는 바가 무엇입니까? 삶, 하면 무슨 생각이 듭니까?

여러분에게 삶을 살라고 선동하는 이가 누구입니까? 여러분은 예수님을 삶의 선도자로 생각합니까? 아니면 다른 사람이나 다른 사물입니까? 예수님이 삶의 선도자로 보일 때, 여러분은 어떤 생각이 듭니까?

38. 스승 예수

마태오 복음사가는 예수님에게서 무엇보다 스승의 모습을 보았다. 그래서 예수님의 말씀을 다섯 번의 설교로 요약하여 멋들어지게 엮어 놓았다. 이 다섯 번의 설교는 모세 오경에 상응한다. 예수님도 우리에게 새로운 가르침을 주신 것이다.

예수님도 모세처럼 산에 올라 설교하셨다(마태 5,1-7,29 참조). 제일 탁월하고 유명한 설교도 산 위에서 한 것이었다. "예수께서 군중을 보고 산에 올라가 앉으셨는데, 제자들이 다가오자 입을 열어 가르치셨다"(마태 5,1-2). 유다교 랍비들에게 앉는 행위는 가르침의 표징이었다. 앉는다는 것은 편안히 쉼을 상징한다. 유다인들은 모세의 의자처럼 앉아서 가르치기만 하는 의자에 대해 이야기한다. 하지만 예수님은 랍비들이 실천 없는 교설만 늘어놓고 그릇된 율법 해석으로 하늘나라의 문을 닫아 버렸다고 비난하셨다(마태 23,13 참조).

앉아서 가르치실 때 예수님은 당신이 하느님의 의자에 앉아서 하느님의 뜻에 따라 하느님의 권능으로 가르친다는 것을 보여주셨다. 예수님의 놀라운 첫 설교를 들은 사람들이 바로 그것을 체험했다. "예수께서 말씀을 마치실 때 군중은 그 가르침에 무척 놀라 있었다. 율사들과는 달리 권위를 지닌 분으로서 가르치셨기 때문이다"(마태 7,28-29).

예수님은 「행복선언」으로 설교를 시작하셨다. "복되도다, 영으로 가난한 사람들! 하늘 나라가 그들의 것이니. 복되도다, 슬퍼하는 사람들! 위로를 받으리니"(마태 5,3-4). 첫머리만 보아도 예수님이 남다른 스승이라는 것을 알 수 있다. 그분은 계명과 금계를 먼저 선포하시지 않았다. 새로운 교리나 하느님과 인간에 대한 새로운 이론을 제시하는 대신 하느님의 구원을 사람들에게 기약하셨다. 당신의 가르침으로 사람들을 위로하고 용기를 북돋아 주셨다. 그분의 말씀은 가슴을 적셨다. 사람들은 놀랐고 감동했다. 예수님의 말씀을 들으면 위로가 되고 해방감을 느끼고 이해받고 있다는 느낌이 들었다. 그들은 자신이 가치 있는 존재라는 것을 감지했다. 구원의 하느님, 위안과 희망의 하느님을 체험했다. 하느님은 요구하는 분이 아니라 선사하는 분이다. 그분은 인간에게 새 삶의 길을 선사하셨다. 인간 공동체의 분열을 치유하는 길을 가르쳐 주셨다. 모든 가르침의 기본조건은 우리가 누구인지 인식하는 것이다. 예수님은 「산상설교」를 통해 우리가 하느님의 아들딸이라는 사실을 깨우쳐 주셨다.

「산상설교」는 「주님의 기도」에 대한 해설이다. 「주님의 기도」는 단연 「산상설교」의 중심이다. 그 기도는 우리가 무엇을 기도해야 하는지 가르친다. 예수님은 기도를 통해 하느님을 아버지로 체험한 사람이 어떻게 행동해야 하는지 가르쳐 주신다.

「행복선언」은 "아버지의 이름이 거룩히 빛나시며"라는 기도말과 일맥상통한다. 인간이 거룩해지고 인간 자신이 복된 사람이라는 것을 체험할 때 하느님의 이름도 거룩해지고 하느님의 거룩하심이 드러난다. 「소금 은유」와 「빛 은유」(마태 5,13-16 참조)를 들으면 "아버지의 이름이 거룩히 빛나시며"라는 기도말의 뜻을 알게 된다. 제자들의 새로운 태도를 통해 하느님 나라를 지상에서 볼 수 있게 되었다. 예수님은 기존의 여섯 율법을 새롭게 해석하면서(마태 5,21-48 참조) 하느님의 본래 뜻이 무엇인지 설명해 주셨다. 제자들이 이 새로운 태도를 실천할 때 하느님의 뜻은 하늘에서뿐 아니라 땅에서도 이루어진다. 그리고 단식, 자선 행위, 기도, 걱정하지 않는 마음, 하느님의 자애로운 손길을 신뢰하는 자세(마태 6,1-34 참조)에 대해 말씀하심으로써 일용할 양식을 청하는 기도의 뜻을 이해할 수 있게 되었다. 죄인들의 용서를 청하는 기도는 예수님의 경고 말씀과 비슷하다. "심판받지 않으려거든 심판하지 마시오. 심판하는 그대로 심판받을 것입니다"(마태 7,1). 그리고 유혹에 빠지지 않고 악에서 구해 주기를 바라는 기도의 의미는 우리를 현혹하는 거짓 예언자들을 경계하라는 말씀(마태 7,15-23 참조)을 통해 분명해졌다. 원래 유혹이란 우리의 잘못과 약점에서 생기는 것이 아니라, 혼란에 빠져서 분별력을 잃고 생각과 감정이 흔들려 하느님으로부터 멀어지는 데서 생긴다.

「산상설교」를 「주님의 기도」에 대한 해설로 이해하면, 예수께서 근본적으로 당신의 가르침을 어떻게 생각하셨는지도 알 수 있다. 그분은 우리가 지켜야 할 계명이나 실천하지 않아도 그만인 막연한 가르침은 주시지 않았다. 예수님의 새로운 가르침은 새로운 행동양식으로 이어져야 한다. 그러나 이 가르침의 전제조건은 새로운 경험, 즉 우리가 하느님의 아들딸이라는 사실을 경험하는 일이다. 「주님의 기도」를 통해 우리는 이런 새로운 경험을 한다.

기도는 행위의 전제조건을 변화시킨다. 기도는 또한 그리스도를 우리의 진정한 스승으로 체험하는 장場이기도 하다. 아우구스티누스는 이런 깨달음을 통해 예수님을 내면의 스승으로 모셨다. 우리가 무언가를 깨달았다면 이 깨달음을 준 사람은 외적 스승이 아니라 내면의 스승인 그리스도다. "그리스도께서 하느님의 불변하는 힘, 영원한 진리로서 내적 인간(에페 3,17 참조) 안에 살아 계시다는 문구가 어울리는 그 스승에게 우리는 자문을 구하는 바이다"(아우구스티누스 『교사론』 c. 11,38). 신학자 오이겐 비저는 아우구스티누스의 이 말을 토대로 『내적 스승』Der inwendige Lehrer이란 책을 썼다. 예수님은 우리 자신 안에 계시다. 예수님의 가르침은 자구字句의 해석을 놓고 입씨름을 벌이는 그런 학설 체계가 아니다. 내적 스승은 독선과 독단론이 아니라 내적 자극에 귀 기울이는 마음가짐을 원한다. 스승 그리스도는 우리의 마음속에 살고 계시다. 독일어로 '스승'Lehrer이란 말은 탐구하여 알고 있는 사람이란 뜻이다. 우리의 내적 스승이신 예수님은 자신이 체험하고 깨달아 아는 것을 우리도 체험하고 깨닫고 알도록 가르쳐 주는 분이다. 그분은 당신이 보신 것을 우리도 볼 수 있도록 눈을 뜨게 해 주신다.

자신의 내적 스승을 체험해 보았습니까? 여러분에게 길을 제시해 주는 내면의 음성을 듣고 있습니까? 여러분의 내적 스승이신 예수님은 여러분에게 무엇을 가르치십니까? 여러분이 예수님을 스승으로 생각한다면 여러분 자신과 삶과 하느님과 사람들에 대해 어떤 새로운 생각을 하게 됩니까?

「산상설교」를 읽으면서 예수님의 말씀을 묵상하십시오. "「산상설교」 정신대로는 정치를 할 수 없다"는 헬무트 슈미트 전 독일 수상의 말에 동의합니까? 「산상설교」가 기도 체험에서 나온 가르침이라고 생각한다면 「산상설교」가 다르게 느껴질까요? 자신과 다른 사람들을 대하는 새로운 행동양식을 「산상설교」에서 배워 보십시오.

39. 이야기꾼 예수

예수님 이전에는 비유를 들어 가르친 사람이 거의 없었다. 마태오 복음사가와 루가 복음사가는 예수께서 제자나 군중들에게 하신 수많은 비유 말씀을 전해 준다. 예수님은 정말 입담 좋은 이야기꾼이셨다. 그분은 인생에 대해 실감나게 이야기하면서 사람들을 완전히 사로잡으셨다. 비유에는 예수님의 인간적인 모습과 이야기꾼다운 면모가 잘 드러난다. 예수님은 당신의 모습을 진솔하게 보여주시고, 우리를 하느님과 인간의 신비에 눈뜨게 하셨다.

예수님은 비유를 통해 그저 사람 사는 이야기를 하셨다. 농사일에 대해서, 씨 뿌려 수확하는 일, 비나 태양과 더불어 겪는 사람들의 경험에 대해 이야기하셨다. 할 일을 제대로 하지 않아 주인에게 쫓겨난 청지기 이야기처럼, 주변에서 흔히 볼 수 있는 일을 이야기 소재로 삼으셨다. 그런가 하면 매 시간마다 새로 일꾼들을 뽑는 포도밭주인 이야기도 하셨다. 예수님의 이야기는 너무 흥미진진해서 사람들의 넋을 빼놓았다. 예수님은 사람들을 사로잡는 재주가 있었다. 사람들은 예수님의 말씀에 마음으로 동감했고 예수님도 그들의 생각을 두둔하셨다. 하지만 그분의 이야기는 일순간 반전한다. 비유의 끝은 대개 사람들의 기대와 다르기 일쑤였다.

예수님은 일상 경험을 통해 하느님을 체험할 수 있게 해 주셨다.

사람들이 돌연 하느님의 신비를 깨달을 수 있도록 삶을 이야기하셨다. 예수님은 비유로 청중의 마음을 사로잡으셨다. 하느님의 섭리에 수긍할 수 있도록 청중의 마음을 바꾸어 놓으셨다. 예수님의 이야기를 들으면 꼭 자기 이야기를 하는 것 같았다. 또 사람들이 더 깊이 보고 삶에서 하느님을 볼 눈을 뜨게 해 주셨다. 예수님께 하느님은 추상적인 분이 아니었다. 예수님의 이야기를 듣고 있노라면 하느님을 눈으로 뵐 수 있고 그 체취를 느낄 수 있다. 예수님이 이야기하실 때 하느님의 말씀만 전하거나 하느님에 대한 온갖 가르침을 늘어놓지 않는 것이 바로 그분의 비법이었다. 사람 사는 이야기를 듣다 보면 저절로 하느님에 대해 깨닫게 되는 식이었다. 예수께서 이야기하실 때 청중들은 흡사 새로 창조된 듯한 기분이 들었다. 사람들은 하느님의 은총으로 변모되는 체험을 했다. 예수님의 비유를 들음으로써 사람들은 쇄신과 구원을 경험하고 죽음을 부르는 삶의 굴레에서 벗어나게 되었다.

복음사가들 중에서 가장 입담 좋은 이야기꾼은 그리스 출신의 루가 복음사가다. 루가 복음사가는 그리스 독자들의 넋을 빼 놓을 만한 글솜씨로 예수님의 생애를 적어 나갔다. 그리고 독자들이 예수님의 언변에 매료될 수 있도록 비유를 나름대로 각색했다. 루가 복음의 독특한 비유에는 내적 독백이라는 표현 기법이 구사된다. 밭에서 많은 소출을 거두어들인 한 부자가 혼잣말을 한다. "쌓아 둘 데가 없으니 어떻게 할까?' 속으로 궁리한 끝에 '옳지! 곳간들을 헐어 버리고 더 큰 것을 지어 밀과 재물을 모아 두어야지. 그러고는 내 영혼에게 말하리라. 영혼아, 여러 해 동안 사용할 많은 재물을 쌓아 두었으니 쉬고 먹고 마시며 즐기자' 하였습니다"(루가 12,17-19). 루가 복음사가는 이야기

속의 인물과 독자의 관계를 의식하며 내적 독백을 구사했다. 즉, 독자는 이야기 속의 '나'와 자신을 동일시하면서 마치 자기 이야기를 하는 것처럼 느끼는 것이다. 루가 복음사가는 이 기법을 통해 예수님의 이야기를 생생하게 전달하려고 애썼다. 예수님의 이야기를 들은 청중들은 '저분이 내 이야기를 하시고 있네. 생각은 했지만 그동안 차마 말 못했던 일을 말씀해 주시네' 하는 기분이 들었을 것이다. 마치 속마음을 들킨 것 같은 느낌이었을 것이다. 예수님은 사람들의 생각을 이야기로 표현하고 그 이야기를 하느님과 연관 지으셨다. 또 이야기를 통해 하느님을 받아들일 수 있도록 마음의 문을 열어 주셨다. 이야기는, 말하자면 인간친화적인 신학이었다. 예수님은 훈계하지 않았으며 하느님에 대한 생각을 강요하거나 주입하지 않으셨다. 그분이 하시는 삶의 이야기가 꼭 자기 이야기 같아 편안히 마음을 열고 하느님을 받아들이게 된다.

여러분은 복음서의 어떤 비유가 가장 감동적이었습니까? 그런 이야기를 읽을 때 어떤 생각이 듭니까? 마음에 들지 않는 비유도 있습니까? 마음에 들지 않았다면 그 비유를 통해 더 깊이 볼 수 있는 시각을 얻을 것입니다. 그 비유를 통해 사물을 보는 확고한 시각을 배울 수 있지 않을까요? 하느님과 자신에 대한 새로운 생각을 배우게 되지 않을까요?

여러분은 「잃었던 아들 비유」나 「열 처녀 비유」, 「약은 청지기 비유」 등과 같은 비유 이야기를 읽을 때 어떤 느낌이 듭니까? 새로 나거나 변화한 듯한, 혹은 마술에 걸렸거나 구원받은 듯한 기분을 체험했습니까?

40. 기도자 예수

루가 복음사가는 예수님을 기도하는 사람으로도 그렸다. 예수님은 늘 홀로 고독에 들어 아버지께 기도하시곤 했다. 그 기도가 어떤 것이었는지는 전하는 바 없다. 그냥 침묵 속에서 하느님과 함께하셨으리라 추측할 따름이다. 예수님은 기도하실 때 아버지와 하나 됨을 느꼈다. 그리고 사람들과 나누었던 체험들을 모두 아버지께 봉헌했을 것이다.

기도 중에 예수님은 진정한 자아와 소명을 깨달으셨다. 기도를 통해 소명을 수행할 힘을 얻으셨다. 제자들과 군중들의 감정에 휩쓸리지 않고 올곧게 하느님을 말할 수 있는 분별력을 얻으셨다. 아버지와 단둘이 있는 것이 그분께는 샘물 같았다.

루가 복음사가는 기회 있을 때마다 기도자 예수님의 모습을 전한다. 또한 그분의 기도가 어떤 효력을 발휘했는지도 알려 준다. 예수님은 세례를 받을 때 기도하셨다. 세례는 공생활의 시작을 뜻한다. 예수께서 기도하시는 동안 머리 위로 하늘이 열렸다. 기도할 때 그분은 하늘이 열리고 아버지와 하나 됨을 체험하셨다. 예수님께 기도란, 하늘이 열리고 땅에서도 하느님과 결합되며 이런 관계 속에서 사람들에게도 하늘이 열리는 체험이었다. 예수님은 제자들을 부르기 전에도 기도하셨다. 기도를 통해 인간의 신비를 깨달았으며, 무엇이 사람들에게 유익하고 삶의 의미를 일깨우는지 감지하셨다. 영광스러운 변모 때도 그분은 아버지께 기도하고 있었다. 그분의 얼굴이 환히 빛났다. 그분의 모든 것이 맑고 투명하여 하느님의 아름다움과 빛이 뚫고 들어왔다. 기도 중에 하느님의 위엄을 접하셨다. 그때 그분의 참된 존재가 드러나 제자들이 그분 본연의 모습을 보았다.

그러나 예수님에게 기도는 하느님과의 하나 됨일 뿐 아니라 하느님과 벌이는 한판 씨름이었다. 게쎄마니 동산에서의 일이 그것을 말해 준다. 예수님은 아버지 앞에 무릎 꿇고 기도하셨다. "아버지, 원하신다면 이 잔을 거두어 주소서. 그러나 제 뜻이 아니라 아버지의 뜻이 이루어지게 하소서"(루가 22,42).

예수님도 하느님의 뜻을 곧바로 받아들이는 것을 당연하게 생각하지 않았다. 그분은 아버지와 싸우셨다. 당신 목숨 때문에 싸우셨다. 예수님도 목숨에 연연하는 한 인간이었던 까닭이다. 자신이 가야 할 길에 대한 내적 저항은 인지상정이었다. 힘을 줄 천사의 도움도 필요했다. 그러나 본격적인 싸움은 이제부터 시작이었다. "그러나 예수님은 고뇌에 싸여 더욱 간절히 기도하시니, 땀이 마치 핏방울처럼 땅에 떨어졌다"(루가 22,44).

예수님은 기도를 통해 불안감을 극복하려 했다. 그분도 우리처럼 불안했던 것이다. 그러나 이 불안에 정면으로 맞서 싸우셨다. 게쎄마니 동산에서 예수님이 절규하며 기도하는 모습을 히브리서 저자는 이렇게 전한다. "그분은 육신으로 계실 때 당신을 죽음에서 구하실 수 있는 분께 큰 소리로 부르짖으며 눈물로 기도하고 간구하셨고, 하느님은 그 경외심 때문에 들어주셨습니다. 그분은 아드님이지만 고난을 겪음으로써 복종을 배우셨습니다"(히브 5,7-8). 예수님은 기도를 통해 하느님께서 어떤 분이며 자신에게 무엇을 원하는지 알게 되었다. 하느님이 자신을 도구로 써 주시기를 바라면서 하느님의 뜻에 의탁해야 한다는 것을 배우셨다. 그리고 하느님 뜻에 귀 기울이는 마음과 하느님 뜻을 따르는 자세, 순명을 배우셨다. 분노하거나 냉혹해지지 않고 기도하며 수난의 길을 가는 힘을 얻으셨다.

예수님의 기도는 십자가에서 절정을 이루었다. "이때 예수께서 말씀하셨다. '아버지, 저 사람들을 용서하소서. 저들은 스스로 무슨 짓을 하고 있는지 모르옵니다'"(루가 23,34). 그분은 십자가 위에서도 당신을 죽이는 사람들을 위해 기도하셨다. 당신을 십자가에 못박는 사람들을 위해 기도하면서 그들의 힘에 굴복하지 않았다. 기도로 아버지께 도움을 청하셨다. 예수께는 아버지가 삶의 근원이었다. 아버지와 하나라는 것을 알았기 때문에 죽는 순간에도 원수들을 위해 기도를 할 수 있었고, 그분을 죽이는 사람들도 그분의 마음에 가득한 사랑을 파괴하지 못했다. 예수님의 마지막 숨결도 기도였다. "아버지, 제 영을 당신 손에 맡기옵니다"(루가 23,46). 예수님은 경건한 유다인들이 같은 시간 저녁 기도로 바치는 시편 구절을 기도로 바치되 "압바"(사랑하는 아버지)라는 말을 덧붙이셨다. 죽는 순간에도 하느님을 사랑하는 아버지라고 부르셨다. 기도하며 아버지의 자애로운 품에 안기셨다. 살아서도 자신을 보호하는 아버지의 손길을 느끼시더니 죽음에 임해서도 기도 중에 그 손길을 느끼셨다.

❦ 여러분은 어떻게 기도합니까? 기도를 해도 공허하다는 느낌을 받은 적이 있습니까? 여러분의 아버지요 어머니신 하느님께서 여러분의 기도를 들으시고 버팀목이 되어 보호해 주신다는 것을 알고 있습니까?

여러분은 기도하면서 머리 위로 하늘이 열리고 여러분이 변모하고 머리가 맑아지는 걸 체험한 적이 있습니까?

친한 친구가 아플 때, 자신이 원망스럽고 싫어질 때 기도하면서 하느님과 씨름해 본 적이 있습니까? 불안감과 절망을 기도로 극복해 보았습니까? 여러분의 마음과 주변에 아무런 변화도 없었습니까?

예수님은 죽는 순간에도 원수들을 위해 기도하셨습니다. 여러분은 오늘 누구를 위해 기도하렵니까? 여러분이 누군가를 위해 기도를 하고 있다면 그 기도가 그와 여러분의 관계를 어떻게 변화시킬까요?

41. 광대 예수

"그러고는 자색 옷을 입히고 가시관을 엮어 씌우더니 '유다인 왕, 만세!' 하며 굽실거렸다. 또 갈대로 머리를 치고 침을 뱉으며 무릎꿇어 절했다"(마르 15,17-19). 예수님은 십자가형을 준비하는 병사들에게 '바보' 소리를 들으며 조롱당하셨다. 병사들은 예수님을 마음 내키는 대로 우롱했다. 그들은 "예수님께 분풀이를 했다". 예수님을 가지고 놀았다.

십자가에 못박힌 예수님을 소재로 한 작품 중에 가장 오래된 것은 한 점의 캐리커처다. 여기에는 십자가 위의 예수님 머리가 당나귀 머리로 그려져 있다. 당시 로마인들은 빌라도의 병사들처럼 예수님을 조롱할 작정을 하고 그분을 우스꽝스럽게 묘사했다. 현대 문학은 예수님을 바보나 어릿광대의 모습으로 묘사한다. 문학은 조롱당하는 예수님에게서 우리의 가면을 벗겨내는 바보의 원형을 보았다. 로마 병사들은 예수님을 조롱거리로 삼았다. 하지만 현대 문학은 이런 조롱을 거꾸로 뒤집어 놓았다. 조롱받는 그분이 바로 우리의 거울이 되었다. 그분은 우리의 가면을 벗기고 진실을 보게 하셨다.

　게르하르트 하우프트만은 『그리스도 안의 바보』라는 소설을 썼다. 도스토옙스키의 『백치』에서 미쉬킨 후작은 예수님의 모상이다. 그는 간질 환자로, 예수님의 의도 없고 순수한 사랑을 체현한다. 사랑이 물욕·소유욕·폭력과 뒤범벅된 이 세상에서 도스토옙스키는 예수님의 사랑을 병든 백치의 모습으로밖에 묘사할 수 없었다. 프리드리히 뒤렌마트의 희곡『재세례파』에서는 예수님이 얀 마티손과 크닙퍼돌링크 같은 바보로 묘사된다. 얀 마티손은 주교의 군대에 무방비로 맞서다가 바보가 되었고, 갑부이자 전직 시장인 크닙퍼돌링크는 "당신이 가진 것을 모두 팔아서 가난한 사람들에게 나누어 주시오"라는 예수님 말씀을 그대로 따르다가 바보가 되었다. 둘 다 예수님처럼 처참하게 죽었다. 이들 두 '그리스도 안의 바보'는 그들의 위대한 모범이신 예수님처럼 실패하고 말았다. 권력의 세계에서 그들은 속절없이 몰락했다. 그러나 권력자가 지배하는 이 불의한 세상에 저항했고 강직했으므로 권력자들이 불안에 떨었다.

하비 콕스의『광대들의 축제』가 출간된 후 항간에 널리 유포된 광대는 예수님의 또 다른 모습이다.『어느 광대의 견해』에서 하인리히 뵐은 주인공 한스 슈니어를 예수님 편에서 해석한다. 광대 차림으로 본Bonn 중앙역 계단에서 기타를 치며「가난한 교황 요한」이라는 노래를 조용히 부르던 그는 거기서 그렇게 생을 마감한다. 나자렛 예수님은 인간들에게 어떤 의미로 다가오는가, 그 뜻이 이 광대의 얼굴에서 빛나고 있다.

경건하고 진지한 바리사이들에게 예수님은 그저 하나의 어릿광대로 보였을 것이다. 예수님은 권력자들의 심기를 건드리고 경건한 척하는 사람들의 가면을 벗기고 감추어진 뒷면을 들추어내셨다. 율법마저도 무시하셨다. 바리사이들이 격분하자 그들이야말로 율법을 지키지 않는 사람들이라고 말씀하셨다. 그들이 간음하다가 현장에서 붙잡힌 여인을 데려오자 예수님은 더 높은 도덕성을 요구하면서 그들의 가면을 벗기셨다. 율법이나 정의에 대해 토론을 벌이는 대신 "몸을 굽혀 손가락으로 땅에 무엇인가 쓰셨다". "땅"humus을 만지실 만큼 유머humor가 있으셨다. 그분은 어린아이처럼 흙장난을 하며 바리사이들의 엄숙한 행동을 폭로하셨다(요한 8,2-11 참조). 예수님은 광대처럼 사람들의 분노를 불러일으킴으로써 그들이 속으로 생각하는 것, 원하는 것을 드러내셨다. 그들의 마음속에 하느님이 계시지 않다는 사실을 폭로하셨다.

예수님은 규범에 얽매이지 않았다. 기득권자 바리사이들의 눈에 예수님은 그저 광대일 뿐이었다. 예수님은 광대 역할을 통해 하느님이 어떤 분인지 보여주셨다. 우리가 진지한 얼굴을 하지 않아도 뵐 수 있고, 어린아이나 광대나 바보처럼 즐겁고 자유로운 마음으로 만날 수 있는 하느님이다. 우리가 자유로운 삶을 살기를 바라시는 하느님이다.

여러분은 진지하고 엄숙한 사람, 지적이고 중요한 사람이라는 가면 뒤에 숨어 본 적이 있습니까? 가면을 벗었을 때 무엇이 드러났습니까? 여러분도 위선적인 도덕군자처럼 격분한 적이 있습니까? 그런 분노의 감정 뒤에 무엇이 숨어 있었나요?

성서에서 예수님을 바보나 광대로 그린 대목 가운데 떠오르는 것이 있습니까? 예수께서 여러분의 가면을 벗긴다면 여러분은 어떤 모습일까요? 여러분의 진실을 왜곡하는 가면은 주로 무엇입니까?

카니발 축제 때 우리는 일부러 가면을 씁니다. 우리 내면에 어떤 가능성들이 있는지 보려고 색다른 가면을 써 보는 것이지요. 의식적으로 가면을 써 보니 어떻던가요? 여러분의 어떤 면이 보였나요?

42. 수난자 예수

예수님이 십자가 위에서 죽으셨다는 사실은 많은 이에게 하나의 도전이다. 그래서 교실과 집, 산꼭대기와 교차로의 십자고상을 부담스러워한다. 특히 오늘날 동양종교나 비교秘教에서 나름대로의 구원을 찾는 사람들은 고통이 연상된다는 이유로 예수님에 대해 별 호감을 갖지 않는다. 고통 이야기가 너무 많이 나오니까 예수님을 아예 외면해 버리는 사람들도 자주 보았다. 그들은 자신에게 유익한 구원의 상징을 더 선호한다. 그들은 고통을 예찬하는 십자가가 사람들에게 그다지 이로울 게 없을뿐더러, 심지어 인간을 격하시키고 공격적으로까지 만든다고 한다.

고통을 잘못 해석해서 상처를 입은 사람들을 나는 많이 알고 있다. 그리스도교 일각에서는 고통을 마조히즘적 시각으로 이해한다. 고통이 예찬되고 있다. 고통에 맞서 싸우지 않고 그것을 곧바로 이데올로기화해 버린다. 모름지기 고통을 참고 받아들여야 하느님께 더 가까이 갈 수 있다는 것이다.

고통을 예찬함으로써 많은 사람들이 다쳤다. 고통을 떨쳐버리려할 때도 상처 입기는 매한가지다. 고통당하는 모든 사람들이 스스로를 아웃사이더라고 생각하기 때문이다. 옛날에는 어리석게도 고통을 천벌로 여겼다. 하지만 고통을 대하는 요즘의 안목도 그에 못지않게 잔인하다. 고통당하는 사람은 사회로부터 격리되어야 한단다. 건강인의 '그룹'에서 배제되어 변방으로 쫓겨나는 실정이다. 이 병적인 고통 망각증은 '장애인'을 '정상인'과 같은 여관에 함께 투숙하게 하는 것은 '정상인'에게 무리한 요구라는 법원 판결에서 명백히 드러난다.

스위스의 분석심리학자 칼 구스타프 융은 고통에 대한 붓다와 예수의 태도를 비교하면서, 고통을 당해 본 예수가 붓다보다 더 인간적이고 현실적이라고 분석했다. "붓다는 고통뿐 아니라 기쁨마저 포기한다. 그는 감성과 감정을 잘라 버려 실제적으로 인간적이지 못하다" (*Erinnerungen, Träume, Gedanken*). 융은 개신교 신학자 우자델과의 대화에서 인도를 방문했을 때 겪은 일을 소개한다. 인도에서 그는 고통에 대한 태도가 올바른 자아 형성에 결정적인 영향을 미치는 근본 문제임을 깨닫게 되었다. 서양에서는 마약으로 고통을 쫓아 버리려 하는데, 동양에서는 세상과 인연을 끊음으로써 고통을 없애려 한다고도 했다. 속세와의 인연이 바로 고통의 원인이라고 붓다가 가르쳤기 때문이다. 하지만 융에게는 고통을 견뎌 내는 것이야말로 본래 가야 할 길이었다. "고통은 극복되어야 한다. 고통은 견딤으로써만 극복될 수 있다"(*Briefe I*). 그러면서 융은 자신의 연구실에 걸린 십자가를 가리켰다. 그는 고통에 대한 올바른 자세를 배울 수 있는 사람은 오직 십자가에 못박혀 돌아가신 예수뿐이라고 말했다.

예수님은 고통을 엄청나게 경험하셨다. 사람들의 고통을 외면하지 않고 그들의 병과 곤경을 살피셨다. 고통을 피하지도 자초하지도 않으셨다. 사람들이 배척할 때, 사두가이들이 처형을 도모할 때, 유다가 배반할 때, 제자들이 떠날 때, 그분은 상심했다. 예수님은 온갖 고통을 두루 겪으셨다. 고독, 버림받음, 유죄판결, 배척, 상심, 모욕, 조롱, 약점 폭로, 비웃음, 십자가에 못박히심 등을 겪으셨다.

고통의 정점은 죽음이었다. 적대자들의 야유와 조롱을 들으며 제자들에게마저 버림받은 채 십자가에 못박혔다. 그렇다. "나의 하느님, 나의 하느님, 어찌하여 나를 버리십니까?"라는 예수님의 절규성 기도는 하느님께 버림받는 자의 신세한탄이기도 하다고 일부 신학자들은 말한다. 십자가 위에서 예수님은 자신을 죽음 앞에 방치하는 하느님께 어떻게든 매달려 보려고 안간힘을 쓸 수밖에 없었다.

예수님의 고통 경험은 초기 그리스도인들에게 위안과 격려가 되었다. 그 경험은 고통으로부터의 도피를 막아 주었고 박해를 견딜 힘을 주었다. 예수님은 초기 그리스도인들을 마조히즘적 태도로 오도하지 않았다. 박해 속에서도 자신과 자신의 신앙을 굳건히 지킬 강한 힘을 주었다. 그들은 고통이 두려워 피하는 법이 없었고, 삶의 틀을 부숴 버릴 모든 것들을 예수님처럼 달게 받아들였다. 온갖 박해가 인간으로서의 존엄성을 앗아가려 할 때도 고통받는 예수님을 기억하며 자신들의 존엄성을 지킬 수 있었다.

바야흐로 고통에 대한 비인간적인 견해들이 횡행하는 세태다. 고통의 책임은 자신에게 있다는 둥, 모든 고통은 자업자득이라는 둥 여러 견해가 난립한다. 이런 태도는 대개 고통을 죄책감이나 자학과 관련짓게 마련이다. 자초한 고통도 있겠지만, 당할 수밖에 없는 고통도 있다. 나는 예수님의 수난사를 읽고 깊이 묵상하면서 내 고통이 누구 탓인지, 내 탓인지, 남 탓인지, 하느님 탓인지 더 이상 묻지 않는다. 그저 힘닿는 대로 세상 고통을 없애려 최선을 다할 뿐이다. 바꿀 수 없다면 그냥 받아들인다. 혼자만 당하는 고통이 아니라는 사실도 안다. 나는 예수님과 결속되어 있음을 체험한다. 많은 사람들은 고통과

굴욕과 억압 속에서도 예수님과 결속되어 있다는 체험을 통해 자신의 존엄성을 지킨다. 고통당하는 예수님을 바라보는 것은 내게 닥치는 일들을 긍정하는 데 도움이 된다. 그때 고통은 나를 괴롭히지 않는다. 오히려 갖은 질병과 곤경에도 영혼의 근저에서는 상처 없는 내 진정한 자아에 눈뜨게 한다. 고통은 내 삶의 신비가 무엇인지 깨닫는 곳이다. 그곳에서 하느님은 내가 고통당할 때 당신의 자애로운 손길로 나를 보듬어 주시는 분으로 새롭게 나타나신다.

여러분은 남과 자신의 고통을 얼마만큼 외면했습니까? 여러분은 고통당한 사람, 사랑하는 이를 잃고 슬퍼하는 사람들을 어떻게 대합니까? 그들 곁에 다가가 손 내밀 수 있습니까?

칼 구스타프 융은 사람이 자아 형성과 밀접히 관련된 고통을 피하면 그 고통을 대신할 또 다른 고통을 찾는다고 했습니다. 이것이 융이 말하는 노이로제입니다.

어차피 겪어야 할 고통을 피하기 위해 대체고통을 찾습니까? 고통을 쫓아 버립니까? 그러면 더 행복해집니까? 고통이 엄습할까봐 은근히 불안합니까? 그때는 어떻게 합니까?

난데없이 닥치는 고통은 어쩌렵니까? 삶을 지금 있는 그대로 받아들이는 데 예수님이 얼마나 힘이 됩니까?

43. 고독자 예수

"삶은 고독하도다 / 아무도 서로 알지 못하고 / 저마다 혼자일세." 헤르만 헤세의 이 시구는 많은 사람들의 존재의식을 표현한다. 첨단 정보 통신망의 발달에도 불구하고 사람들은 여전히 외롭다. 만나는 사람은 많지만 정작 마음을 열 데는 없다. 덩그런 집에서, 군중 속에서, 그들은 고독에 떤다.

예수님은 항상 사람들에 둘러싸여 있었다. 그들은 예수님께 바라는 게 많았다. 강복을 청했고 병을 치유해 달라고 부탁했다. 복음서마다 예수님 주위에 사람들이 구름처럼 몰려들었다는 이야기가 나온다. 그래도 예수님은 외로웠다. 틈틈이 홀로 고독에 잠기셨다. 자신을 돌아보는 데는 고독이 필요했다. 고독 속에서 하늘 아버지와 단 둘이 오붓하게 계셨다.

　군중 속에서 예수님은 외로웠다. 요한 복음사가에 따르면. "예수 당신은 그들을 믿지 않으셨다. 모든 사람을 알고 계셨기 때문이다. 그래서 그분께는 누가 어떤 사람에 대해 증언할 필요도 없었다. 사실 그분은 사람 속에 들어 있는 것까지 알고 계셨다"(요한 2,24-25).

　예수님은 터놓고 사람들을 만나셨다. 그러나 다른 사람들에게 허용할 수 없는, 혼자서만 간직하고 싶은 뭔가가 있었다. 아무리 가까워도 지킬 수밖에 없는 선이 있었다. 그분에게는 라자로, 마리아, 마르타 같은 친구들이 있었지만 영혼 깊은 곳에는 남모를 고독과 비애가 도사리고 있었다.

예수님은 사람들과 다르셨다. 그래서 당신 뜻을 제자들에게 이해시킬 수 없었다. 제자들은 그분의 뜻을 번번이 오해했다. 그분의 말씀을 이해하지 못했다. 예수께서 산 위에서 영광스러운 변모를 하시고 내려왔을 때 악령 들린 남자아이를 치유하지 못해 쩔쩔매는 제자들을 보셨다. 제자들이 아이는 돌보지 않고 군중들과 입씨름을 벌이고 있는 것을 보고 예수님은 이렇게 말씀하셨다. "아, 믿음이 없는 세대로다. 내가 언제까지 당신들과 함께 있어야 한단 말이오? 언제까지 당신들에게 시달려야 한단 말이오?"(마르 9,19). 제자들조차 당신의 마음을 이해하지 못하는 상황에서 예수님은 정말 견디기 힘든 고독을 느끼셨다.

예수께서 교회의 반석으로 삼은 베드로는 그분이 조만간 고난을 당할 거라는 말씀을 하시자 불만을 토로한다. 예수님은 그런 그를 매섭게 나무라셨다. "물러가라, 사탄아! 하느님의 일은 생각하지 않고 사람들의 일만 생각하는구나"(마르 8,33). 예수님은 결국 제자들의 위로도 받지 못한 채 홀로 수난의 길을 가시게 되었다.

예수께서 올리브 산에서 홀로 기도하실 때 제자들이 함께 깨어 있을 거라고 믿으셨지만 그들은 정신없이 잠을 자고 있었다. 실망하신 예수께서 베드로에게 말씀하셨다. "시몬, 자고 있습니까? 한 시간도 깨어 있지 못하겠습니까?"(마르 14,37). 예수님은 기도하며 하느님께 간절히 호소하셨다. 제자들에게 다시 와 보니 그렇게 당부했는데도 그들은 여전히 자고 있었다. 그리고 예수께서 군인들에게 잡혀 가시자 "제자들은 모두 예수를 버리고 달아났다"(마르 14,50). 베드로는 멀리서 그 장면을 지켜보았다. 하지만 베드로는 대제관의 하녀와 주위 사람들이 그를 예수님과 한패라고 말하자 완강히 부인했다. "나는 당신들이 말하는 그 사람을 모르오"(마르 14,71). 예수께서 십자가에서 죽음을 맞으실 때 자리를 지킨 제자는 하나도 없었다. 예수님을 따르던 몇몇 여자들만 멀리서 예수님을 바라보았다(마르 15,40-41 참조).

예수님은 하늘에 계신 아버지께서 함께하신다고 믿었기 때문에 혼자 고독을 견뎌 낼 수 있었다고 요한 복음사가는 전한다. "보시오, 그대들이 뿔뿔이 흩어져 가고 나를 홀로 버려 둘 때가 오고 있습니다. 이미 왔습니다. 그러나 아버지께서 함께 계시니 나는 홀로 있는 것이 아닙니다"(요한 16,32). 사람들은 그분 곁을 떠났다. 제자들마저 몸을 사리고 각자 집으로 숨었다. 모두가 제 살 길만 찾았다. 모두가 제 목숨 챙기기에 급급했다. 하지만 믿었던 사람들마저 등 돌리는 이 외로운 상황에서, 예수님은 당신이 혼자가 아니라는 믿음을 간직했다. 아버지께서 함께 계셨던 것이다. 그것이 그분의 고독을 변모시켰다. 고독은 어느새 아버지와 하나 되는 일체감, 아버지 안에서 자신과 하나 되는 일체감으로 변했다.

예수님은 성공한 사람이 아니었다. 다른 사람에게 차마 털어놓지 못할 사연을 가슴에 품고 있는 고독한 사람이었다. 내가 외로울 때, 그것이 위안이 된다. 나는 고독을 묵묵히 받아들인다. 고독은 하느님이 가까이 계시다는 절실한 체험이자 하느님과 하나 되는 행복한 체험이다. 외로움은 괴로운 것이다. 오해받고 '왕따'당한 느낌이다. 어려워지면 아무도 나를 거들떠보지 않는다. 좌절했을 때 내 편이 되어 주는 사람도 없다. 모두가 나보다 잘났다. 나는 위기에 방치되었다. 온갖 고독한 상황에서 예수님은 나와 함께 계시는 분이다. 그분이 곁에 계시다는 생각을 하면 외롭지 않다. 그분과 함께라면 나의 고독을 수용하고 주시하고 견디어 낼 수 있을 것 같다.

여러분은 언제 외롭습니까? 버림받은 적이 있습니까? 버림받을지 모른다는 생각에 불안하지는 않습니까? 외로울 때는 어찌합니까? 고독을 잊으려 다른 데로 눈 돌립니까, 아니면 참고 견딥니까? 외로웠던 예수님을 생각하면 고독을 견디는 데 도움이 됩니까?

유엔 사무총장으로 세계사에 큰 족적을 남긴 다그 함마슐트도 예수님처럼 뼈저린 고독을 체험했지만 신앙으로 고독을 다루는 법을 배웠다고 합니다. 그 방법은 이렇습니다. "기도하라, 그리하여 너의 고독을 시련으로 삼아 네가 평생 헌신할 수 있고 네 목숨을 바칠 만큼 큰일을 찾으라!" 여러분이 외로움을 창조적으로 승화시키는 데 아마 보탬이 될 것입니다.

44. 십자가 죄인 예수

제자들은 예수님이 "이스라엘을 속량하실 분"(루가 24,21)일 거라 기대했다. 하지만 로마인들은 이런 예수님을 십자가에 못박았다. 로마에서 십자가형은 역적이나 흉악범에게 내리는 가장 잔인한 형벌이었다. 십자가에 매달리면 서서히 숨통이 죄어 들어와 참혹한 죽음을 맞는다. 그것도 구경꾼들이 지켜보는 가운데! 예수께서 십자가형을 당하자 제자들은 굉장히 실망했다. 기대했던 메시아에 대한 희망이 산산이 부서진 것이다. 제자들은 이 충격과 맞서야 했다. 그들의 첫 반응은 일단 도망가는 것이었으니 그 사연은 엠마오로 가는 제자들의 이야기에 기록되어 있다.

세월이 흘러 초기 그리스도인들은 예수께서 도대체 왜 무엇을 위해 십자가에 못박혀 죽으셨는지 곰곰이 생각하게 되었다. 그들은 예수님의 죽음에 어떤 구원의 의미가 있는지 알기 위해 성서를 연구했다. 기름부음을 받은 예수께서 죽었다는 사실에 대해 가장 진지하게 고민한 사람은 아마 바울로였을 것이다. 바울로에게 십자가는 자신의 구원과 해방을 상징했다. 그에게 십자가는 세속 규범의 해체를 뜻했다. 십자가는 전혀 다른 세계, 즉 은총의 세계를 의미했다. 우리의 업적은 중요하지 않다. 예수님의 십자가는 우리 자신의 힘으로, 우리가 만든 규범을 지켜서 의인이 되려는 모든 노력을 거부한다. 이제부터는 오직 하느님의 조건 없는 사랑만이 우리 안의 모든 신비와 불의를 포용한다. 하여, 바울로에게 십자가는 은총의 상징이자, 공덕을 쌓아야 한다는 압박과 사람들에게 착하게 보이려는 집착에서 벗어나는 해방의 상징이 되었다.

복음사가들은 저마다 십자가의 의미를 다르게 해석했다. 마태오 복음사가는 십자가가 예수님의 비폭력성을 상징한다고 보았다. 예수님은 권력에 뜻을 두지 않았고 순순히 체포되어 죽임을 당한 자비로운 예언자였다. 마르코 복음사가는 십자가가 암흑의 세력에 대한 예수님의 승리라고 해석했다. 루가 복음사가는 십자가가 하느님의 영광을 위해 우리도 예수님처럼 견뎌야 할 시련의 표상이라고 믿었다. 십자가에 대한 가장 깊이 있는 해석을 한 사람은 아마 요한 복음사가일 것이다. 그는 예수님이 십자가 위에서 당신의 사랑을 완성시켰다고 생각했다. 또 우리가 그분 안에서 생명을 얻도록 우리에게 당신 아들을 보내신 하느님 사랑의 신비를 깨닫게 하셨다고도 했다. 그래서 초기 그리스도인들은 몸에 십자가 표식을 하고 다녔다. 하느님의 사랑이 예수님의 십자가에서 가장 또렷이 빛난다는 생각으로 십자가를 몸에 새기기도 했다. 또한 십자가는 이 세상의 모든 대립을 상징한다. 그래서 초기 그리스도인들은 하느님의 사랑이 십자가를 통해 자신 안의 모든 것을 치유하고, 예수님의 사랑을 통해 변화되지 않는 것은 없다고 믿었다.

이 모든 해석과 더불어 어두운 견해도 없지 않다. 만백성이 기다린 메시아요 하느님의 아들인 예수님을 인간이 십자가에 매달아 무참히 죽였다는 사실은 실로 추하고 불쾌하다. 하느님의 모습을 그리는 데 십자가가 오히려 심각한 장애가 된다고 보는 그리스도인들도 많다.

십자가를 공격적이고 무자비한 하느님의 이미지와 짝짓는 경우도 허다했다. 하느님이 우리 죄에 대한 대속代贖으로 당신 아들의 죽음을 원하셨다고 생각하는 이들도 더러 있다. 그러나 성서에는 그런 말이 없다. 십자가에 달리신 예수님은 우리에게 하느님이 어떤 분인지 계시해 주셨다. 그 하느님은 우리와 함께 고난을 당하시고 우리의 고통을 끝까지 함께 나누다가 결국 변화시키는 분이다.

십자가는 내게 두 가지 느낌을 불러일으킨다. 그 한 가지는 몰이해다. 어떻게 하느님은 예수님이 십자가 위에서 그렇게 처참하게 죽도록 내버려 두실 수 있었을까? 예수님을 십자가에 못박아 죽인 자는 하느님이 아니라 인간이라는 사실을 잘 알면서도 십자가는 여전히 도발적이고 까다롭고 이해하지 못할 것으로 남아 있다. 이것이 예수님과 하느님상에 대해 내가 묻고 싶은 것이다. 다른 한 가지는 사랑이다. 십자가 위에서 두 팔을 벌린 채 돌아가신 예수님을 바라보면 내가 그분께 조건 없이 사랑받고 있음을 느낀다. 결국 예수님은 나를 위해서도 죽으셨음을 마음 깊이 깨닫는다. 예수님은 추호도 주저함이 없었다. 그분은 십자가에서 당신의 모든 것을 내주셨으며 나를 위해 마음 문을 여셨다. 두 팔을 크게 벌려 당신 사랑 안에 숨으라고 나를 부르신다. 십자가 앞에 무릎 꿇으면 자책감이 모두 사라지고 마음이 평온해진다. 만사가 편안하다. 그분의 사랑이 모든 것을 감싸 안는다.

십자가라는 말을 들으면 무엇이 떠오릅니까? 여러분의 집에 십자가가 있습니까? 십자가에 대한 어떤 추억이 있습니까? 여러분에게 십자가는 무엇을 상징합니까? 여러분에게 십자가는 내적 평화를 가져다주는 구원의 징표, 희망의 징표, 신앙의 징표입니까? 아니면 십자가가 내면의 공격성을 부추깁니까?

시리아 교회에는 멋진 십자 성호 기도가 있습니다. 머리에서 배로, 왼쪽 어깨에서 오른쪽 어깨로 십자 성호를 그으면서 이렇게 기도해 보세요. "나를 지어내신 성부와, 나처럼 사람으로 강생하신 성자와, 왼편을 오른편으로 바꾸시는 성령의 이름으로." 왼편은 무의식적인 것, 실패, 불행을 의미하지만 한편으로는 심장 있는 곳, 감정, 사랑, 창의성을 상징하기도 합니다. 그리스도는 십자가를 통해 무의식적인 것을 의식적인 것으로, 불행을 행복으로, 실패를 성공으로 변화시켰습니다. 그리고 그분은 심장을 행위와 결합시켰습니다. 심장의 사랑, 즉 왼편을 의식적 행위라는 오른편으로 흘러들게 만드셨습니다. 이 깊은 뜻을 새기며 십자 성호를 그으면 마음이 평온해질 겁니다. 생각, 생명력과 성, 의식적인 것과 무의식적인 것, 남성적인 것과 여성적인 것 — 하느님의 사랑은 여러분 안에 있는 이 모든 것들을 어루만질 것입니다.

45. 부활자 예수

소심하고 불안에 떨던 제자들은 예수님의 부활을 체험하고 나서 용감한 예수님의 증인이 되었다. 그 체험이 어떤 것이었는지는 정확하게 말할 수 없다. 어쨌거나 제자들은 깊은 감명을 받고 완전히 변했다. 그것은 상상이 아니었다. 체험이었다.

부활하신 예수께서 제자들에게 나타나셨다. 제자들은 예수님을 보았다. 예수님을 만났다. 부활하신 예수님과 만나고 나서 제자들의 눈이 열렸다. 예수님이 과연 누구신지, 그 참모습을 알게 되었다. 이제 그들은 안다. 함께 갈릴래아와 유다 지방을 주유하던 예수께서 살아 계시다. 그분은 죽어 있지 않다. 하느님의 영광 속에 살아 계시다. 하느님의 오른편에 앉아 계시다.

인간이 십자가에 못박은 그분을 하느님은 온 세상의 주님으로 만드셨다. 그래서 세상의 모든 가치가 전도되었다. 온갖 곤경과 불화가 변모하는 일이 우리에게도 일어날 수 있고 우리의 삶도 결국 성취될 것이며 죽을 때 하느님의 영광 속에 들리라는 희망을 갖게 되었다.

부활하신 예수님과의 만남은 제자들의 생각을 완전히 뒤엎어 놓았다. 그들은 벌어진 일을 도무지 이해할 수 없었다. 그래서 하느님이 십자가에 못박힌 예수님에게 한 일이 대체 무엇이었는지 성서를 통해 해명해 보려고 했다. 루가 복음사가는 시편 16으로 예수님의 부활

사건을 설명했다. 그는 이 시편에 예수님에 대한 약속이 담겨 있다고 여겼다. "당신은 내 영혼을 저승에 버려 두지 않고 당신 거룩한 자를 썩지 않게 하시리로다"(사도 2,27).

시편 16은 하느님을 마음에 모시고 생활하는 경건한 신앙인의 모습을 그린다. 그는 하느님에게서 눈을 떼는 법이 없다. "언제나 주님을 제 앞에 모시어 당신께서 제 오른쪽에 계시니 저는 흔들리지 않으리이다"(시편 16,8; 사도 2,25). 또한 그는 하느님에 대한 진한 정이 죽음 때문에 사위어지지 않으리라 확신하고 있었다. 하느님의 아들로, 기름부음받은 사람으로 예수님은 하느님과 긴밀한 관계를 맺으셨으니, 이 관계는 죽음도 갈라놓을 수 없다. 예수님의 부활을 보면서, 우리는 죽어도 하느님과 멀어지지 않으리라는 희망을 가지게 되었다. 예수님은 하느님께서 우리를 조건 없이 사랑한다는 것을 알려 주셨다. 하느님의 사랑을 받으니 우리는 죽음에 머물지 않는다. 더는 죽음이 우리에게 위세 부리지 못한다. 죽음은 하느님과의 영원한 결속에 필요한 통과의례일 뿐이다. 제자들은 사랑이 죽음보다 강하다는 것을 부활을 통해 확신했다. 하느님께서 베푸시는 사랑은 죽음 따위로 파괴되지 않는다.

루가 복음사가는 베드로와 바울로의 설교를 전하면서 예수님의 부활을 설명했다. 뿐만 아니라 남녀 제자들이 예수님을 만난 일을 몇 편의 이야기로 엮어서 전해 주었다. 이 이야기들은 우리가 어떻게 부활하신 예수님을 만날 수 있는지를 분명히 전해 준다. 루가 복음사가에게 부활은 진위 여부를 따질 사건이 아니었다. 부활은 예수님이 부활하신 몸으로 제자들을 만날 때마다 어김없이 일어났다. 루가 복음사가는 엠마오로 가는 제자들에 대해 이야기한다(루가 24,13-35 참조). 예수님의 죽음에 실망한 제자 둘이, 한때 희망의 땅이었던 예루살렘을 떠나 엠마오로 향했다. 그들은 그동안의 일을 이야기했다. 그렇게 한참 이야기를 나누는 사이 그들에게 다가온 예수님을 만났으나 알아보지는 못했다. 예수께서 그들과 함께 머물러 식사하시며 그들이 겪은 일을 성서 말씀을 들어 설명하자, 그때서야 눈이 열려 그분이 누구인지 알아보게 되었다. 알아보는 순간 예수께서 그들 앞에서 사라지셨다. 삶에 실망하여 도망 다니는 우리도 꼭 엠마오로 가는 제자들 같다. 루가 복음사가는 우리를 북돋아 주고 싶을 것이다. 우리가 무너진 환상에 대해 이야기하는 동안에도 부활은 일어날 수 있다. 그러면 우리에게 닥친 모든 일의 의미를 일거에 깨닫게 된다. 눈이 열린다. 혼자가 아님을 알게 된다. 부활하신 그분이 우리와 동행하는 것이다. 그분이 우리에게 빵을 떼어 주신다. 하지만 우리는 부활하신 분을 그리 오래 체험하지 못한다. 우리가 그분을 알아보기 무섭게 우리 눈앞에서 사라지신다.

요한 복음사가는 또 다른 부활 이야기를 들려준다. 부활하신 예수님은 헛수고로 점철된 일상 한복판에서 우리를 만나신다는 것을 깨우치는 이야기다(요한 21,1-14 참조). 제자들은 밤새워 일했건만 고기 한 마리 잡지 못했다. 그들은 실망하여 뱃머리를 뭍으로 돌리는데 물가에 한 남자가 서 있었다. 그 사람은 다시 호수로 나가 배 오른편에 그물을 던져 보라고 다정하게 말을 건넸다. "그들이 그물을 던졌더니 끌어올릴 수 없을 만큼 물고기가 많이 걸렸다"(요한 21,6). 그때서야 예수께서 사랑하시던 제자가 그분을 알아보았다. "주님이시오!"(요한 21,7). 부활자 예수님은 헛수고의 밤을 생명과 사랑의 아침으로 변화시키셨다.

"당신은 주님이십니다." 나는 이 말에 부활의 체험이 담겨 있다고 본다. 일할 때, 글 쓸 때, 대화가 안 통할 때, 풀리지 않는 갈등을 겪을 때 이 말을 하면 잿빛 아침이 맑아지고 일상이 새롭게 빛난다. 나는 깨닫는다. '아, 일하는 중에도 부활하신 그분이 내 곁에 계시는구나. 혼자 해결하겠다고 아등바등하지 않아도 되겠구나'. 부활하신 예수님은 절망 속에서도 삶이 성취되리라는 희망을 주신다. 그분 말씀대로 오른편에, 의식의 영역에 그물을 던져 신중하고 조심스럽게 일하면 그물이 가득 찰 것이다. 얽힌 매듭이 한순간에 풀리고, 대화가 통하고, 내적 긴장이 해소될 때 부활은 일상 속에서도 일어난다. 부활하신 분께서 지금, 내가 책상에 앉아 글 쓰고 있는 이 순간에도 곁에 계시다는 것을 알기 때문이다. 나는 그분이 하시는 말씀에 귀 기울여 따르기만 하면 된다. 내 삶은 달라지고 매사가 잘 풀릴 것이다.

여러분은 부활하신 분을 어디에서 만났습니까? 헛수고한 밤에 그분이 오셨습니까? 여러분의 일상이, 여러분의 궂은 아침이 변하는 것을 체험했습니까?

엠마오로 가는 제자들의 처지를 경험해 본 적이 있습니까? 여러분은 무엇으로부터 도피했습니까? 무엇이 여러분을 실망시켰습니까? 부활하신 분이 여러분에게 하고자 하시는 말씀은 무엇입니까? 여러분이 가는 길에는 어떤 의미가 있을까요? 눈이 열리면서 본질이 보이고 삶의 신비를 깨닫는 체험을 해 보았습니까? 그렇다면 여러분은 부활하신 분을 본 것입니다. 루가 복음사가의 말입니다.

죽음에 임하여 여러분은 무엇을 바라십니까? 여러분이 맞을 부활을 어떻게 상상합니까? 지금 여러분이 느끼는 사랑이 죽어서도 소멸되지 않으며,

여러분이 지금 모습 그대로 하느님 곁에서 영원히 살리라는 것을 믿습니까?

죽음이 여러분을 참모습으로, 하느님에게서 부여받은 영광스런 모습으로

변화시키리라는 것을 믿습니까?

46. 구세주 예수

그리스도인들이 예수님에게서 가장 많이 떠올리는 이미지가 바로 구세주다. 예수님은 우리를 구원하셨다. 이것이 신앙의 핵심이다. 구원은 '풀다'라는 말과 관련이 있다. 묶여 있던 것, 우리를 억누르던 것이 풀린다. 고통과 곤경에서 풀려나면 기쁘다.

흔히 사람들은 구원, 하면 죄에서 해방되는 것을 먼저 떠올린다. 그들에게 예수님은 죄에서 구원해 주시는 분이다. 하지만 성서는 구원의 더 깊은 의미를 전해 준다. 예수님은 덧없고 유한한 우리의 삶을 하느님의 생명으로 채움으로써 우리를 구원하신다. 예수님은 무의미성에서 벗어나게 함으로써 우리를 구원하신다. 성서에는 많은 구원의 유형들이 등장하지만 여기서는 마태오 복음사가와 루가 복음사가의 구원관만 소개하려 한다.

"죄를 용서해 주려고 많은 사람을 위해 쏟는 내 계약의 피"(마태 26,28)라는 예수님의 최후만찬 말씀은 마태오 복음서에만 나온다. 마태오 복음서에서의 예수님은 무엇보다 우리 죄의 구원자다. 하지만 우리 죄를 사하기 위해 피 흘리셨다는 말을 어떻게 이해해야 할까? 하느님께서 우리를 용서하시기 위해 당신 아들의 희생을 원하셨다면 그건 너무 잔인하지 않은가? 물론 그런 뜻일 리 없다. 예수님의 피는 사랑의 표시다. 예수님은 십자가 위에서 죽기까지 우리를 사랑하셨다. 예수님은 죽음을 원치 않으셨다. 그분은 하느님의 자비를 선포하셨다. 예수님은 당시 정치권의 권력 투쟁에 휘말릴 거라는 걸 바로 알아채셨다. 사두가이들은 그들의 경제적인 이권이 위협받고 있다고 판단했다. 로마인들은 예수님이 사회 불안을 조성하는 인물이라고 지목했다. 이런 상황에서 권력자들은 그들의 권력을 유지하기 위해 예수님을 제물로 삼았다. 예수님은 자신을 십자가형에 처한 사람들의 악행을 담담하게 받아들이셨다. 사람들의 악의적인 모함에도 사랑을 거두지 않았고 충분히 도망갈 수도 있었지만 그렇게 하지 않았다. 오히려 하느님의 자비와 용서를 선포하셨다. 십자가 위에서도 자신을 죽이는 사람들을 용서하셨다.

내가 정말 죄를 지었다면 나 자신을 받아들이기 힘들 것 같다. 공동체에서 소외될 것 같다. 하느님의 용서를 믿지 못하도록 방해하는 무엇이 내 무의식 속에 도사리고 있다. 하지만 내가 십자가를 바라보며 자신을 죽음으로 몰고 간 사람들에게까지 가 닿은 예수님의 사랑을 생각하면 내 무의식 속의 방해꾼은 사라진다. 하느님께서 나를 용서하시고 하느님의 사랑으로도 용서받지 못할 일은 없다는 것을 나는 머리로도 가슴으로도 믿게 된다.

십자가는 우리 죄를 용서하는 것이 아니라 그 죄를 눈에 보이게 한다. 십자가는 모든 잘못을 용서하는 하느님의 사랑을 우리에게 전해준다. 죄에서 벗어나면 현대인들은 정말 해방감을 만끽한다. 많은 사람이 죄책감에 시달리기 때문이다. 결혼생활의 실패와 어머니의 죽음이 다 제 탓인 듯하여 죄책감에 괴롭다. 심리치료사들은 상담 중에 죄, 죄책감이라는 낱말을 자주 듣는다고 한다. 십자가에서 자신을 죽인 사람들을 용서하신 예수님을 생각하면, 자책하는 자세를 버리게 되고 용서받을 수 있다는 믿음을 얻는다.

루가 복음사가는 구원자 예수님을 조금 달리 생각한다. 예수께서 곤경에 처한 사람들을 해방시키셨다. 이 곤경은 바로 소외와 내적 괴리감이다. 사람들은 자기 자신을 잃어버렸다. 자신을 돌아보지 않고 산다. 헛살고 있다. 하느님은 당신을 체험함으로써 삶에 성공하는 길을 가르쳐 주시려고 예수님을 통해 사람들에게 찾아오신다. 예수께서 몸소 이 길을 가셨다. 예수님에게서 참되고 공정한 인간의 모습을 볼 수 있다. 루가 복음사가는 예수님의 삶을 한 편의 연극이라고 생각했다. 이 연극은 예수께서 죽는 순간 절정을 이룬다. "(이 연극을) 구경하러 몰려온 군중도 일어난 일을 보고는 가슴을 치며 돌아갔다"(루가 23,48). 십자가에 달리신 예수님을 바라보며 진정한 휴머니즘을 생각하는 사람의 눈에는 하느님이 보인다. 이 신적 연극을 바라보는 사람은 변한다. 가슴을 치면서 자신을 돌아본다. 그리고 다른 사람이 되어 집으로 돌아간다. 삶과 사랑의 신비가 무엇인지 깨닫는다. 루가 복음사가는 우리가 세상에 나가 세상을 꾸려갈 수 있도록 예수께서 자신의 영을 보내주신 것이 바로 구원이라고 말한다. 예수님을 통해 온 세상이 변화되고, 구원과 해방을 이루는 예수님의 사랑이 온 세상에 스며들어 변화하기 시작했다.

구원자 예수님은 우리 도움으로 부당한 지배의 사슬에서 세상을 해방시키고자 하신다. 우리를 통해 사람들을 병들게 만드는 삶의 질곡을 없애시어 사람들이 완전히 치유될 수 있게 하신다. 예수님은 사람들이 삶의 의미를 깨달을 수 있도록 눈뜨게 한다. 삶이 무의미하다는 생각에서 벗어나면 사람들은 성공하는 삶, 진정한 삶으로 나아가는 길을 찾게 될 것이다.

여러분은 어떤 때 죄책감이 듭니까? 그럴 때는 어떻게 합니까? 정말 죄를 지으면 어떻게 합니까? 십자가에 달려서도 자신을 죽이려는 사람들을 용서하신 예수님을 바라보면 어떤 생각이 듭니까? 여러분은 무엇에서 구원되고 싶습니까? 어디서 억압을 느낍니까? 언제 여러분은 구원받았다고 느낍니까?

여러분이 구원을 믿거나 말거나 그건 중요하지 않습니다. 오히려 예수님 구원의 힘이 여러분을 통해 이 세상에 드러나느냐가 중요합니다. 속박, 갈등, 착종錯綜 등을 풀어 버린 적이 있습니까? 사람들이 더 자유롭고 기쁘게 살도록 오늘 여러분도 함께 도우렵니까?

47. "나는 나" 예수

요한 복음서에서 예수님은 "나입니다"라는 말씀을 자주 하신다. 유
다인들은 이 말을 들을 때마다 불타는 가시덤불에서 들었던 하느님
의 계시를 생각했다. 하느님은 불타는 가시덤불에서 당신의 이름을
알려 주셨다. "나다. 나 여기 있다." 나는 이 말씀 속에 또 다른 의미
를 읽는다. 그것은 예수께서 "나는 나다"라고 말씀하셨다는 사실이
다. 예수님은 정말 그 예를 찾아볼 수 없을 정도로 독특하게 자신의
존재를 의식하면서 사신 분이다. 그분은 자신이 누구인지 스스로 말
씀하시려고 했다. 또 다른 사람들의 기준으로 평가받고 싶지 않아 그
렇게 표현하셨다. 다른 사람들의 기대를 만족시킬 필요도 없고 바리
사이들과 율사들이 바라는 대로 행동할 필요도 없었다. 그분은 그냥
그분인 것이다. 그분은 다른 사람들의 말에 개의치 않고 자신의 모습
대로 의연하게 사셨다. 예수님은 정말 독특한 분이다. 그분은 배경과
출신 따위를 물을 필요가 없는 분이다. 그분은 "나는 나다"라고 말씀
하시는 분이다.

루가 복음사가는 똑같은 생각을 다른 말로 표현한다. 부활하신 예수
님은 제자들에게 "바로 나요(*ego eimi autos*: 나는 나 자신입니다)"(루가 24,39)라
고 말씀하신다. 루가 복음사가가 여기서 사용한 "자신"(*autos*)이라는
말은 스토아철학에서 아주 중요한 개념이다. '자신'은 인간의 내적 성

역, 즉 참된 자아다. '자신'은 밖의 소음이 들리지 않고 아무도 들어갈 수 없는, 고요한 내적 공간이다. 이곳은 인간 안에 하느님께서 사시는 곳이다. 이곳에서 인간은 하느님께서 지어 주신, 왜곡되지 않은 본래의 '심성'을 접하게 된다. 스토아철학에서는 외부 사물이 '자신'의 성스런 영역에 들어오지 못하게 막는 것이 영적 훈련의 중요한 과제였다. 스토아철학의 관점에서 예수님의 말씀을 읽어 보면, 예수님은 부활을 통해 우리의 진정한 자아를 찾도록 인도하신다. 스토아학파라면 이렇게 말할 것이다. "예수님은 당신의 부활을 통해 우리 자아를 함락할 수 없는 요새로 만드시어 그 안에 자유와 평온함과 행복이 깃들게 하신다."

스토아철학 사상을 물려받은 사람은 칼 구스타프 융이다. 융은 예수님이 인류 역사상 자아의 가장 뚜렷한 원형이면서 또한 역사적 인물이라고 생각했다. 팔레스타인 외딴 고을에서 태어난 예수라는 랍비는 가장 뚜렷하게 자아의 원형을 보여줌으로써 많은 사람의 영혼을 사로잡고 짧은 시간에 전 세계를 정복했다.

예수님의 삶을 바라보면 우리는 우리 영혼 속에 이미 깃든 원형을 접하게 된다. 원형은 우리의 영혼 안에서 항상 무언가를 움직이게 만든다. 원형은 우리를 자아로 인도한다. 따라서 그리스도의 원형적 삶을 주시하면 우리의 육화와 자기됨의 과정이 진척된다. 예수님은 우리에게 자아를 접하게 만드셨다. 우리가 자기됨의 길을 가려면 출생에서 십자가의 죽음과 부활에 이르기까지 예수님의 삶을 깊이 있게 살펴보는 일이 중요하다. "나는 나"이고 '자아의 모습'인 예수님은 우리에게 개성대로 살면서 자아의 신비를 간직하라고 말씀하신다. 예수님은 우리가 자기에 얽매이지 않고 진정한 자아를 발견할 수 있도록 도와주신다. 그래서 모두가 하느님께서 지어 주신 대로, 고유한 모습대로 살게 하신다.

초기 교회의 수도승들은 예수님이 바로 인간의 진정한 자아에 이르는 길이라고 생각했다. 그들은 사변적인 신학을 제시하지 않고 구체적인 수련을 권했다. 그러나 수도승들의 수련 내용을 보면 실제로 예수님에 관한 그들의 생각을 알 수 있다. 4세기경 한 수도승의 금언을 하나 소개한다.

> 원로 포이멘이 요셉 원로에게 부탁했다. "어떻게 하면 내가 수도승이 될 수 있는지 좀 말해 주게나." 그러자 요셉 원로가 대답했다. "자네가 어디서든 마음이 평온해지기를 원하면 무슨 일을 할 때마다 이렇게 말해 보게나. '나, 내가 누구인가?' 그리고 다른 사람에게 신경 쓰지 말게!"

수도승이 된다는 말은 온전한 사람이 된다는 것이며 자신과 하나가 되는 것이다. 따라서 어떻게 하면 나의 삶이 성공할까? 어떻게 하면 내가 나 자신과 화합할 수 있을까? 이것이 문제다.

요셉 원로가 가르쳐 준 대로 실천해 보세요. 어떤 행동을 하거나 생각을 할 때마다 "나, 내가 누구인가?"라고 말해 보세요. 이렇게 자신에게 물을 때마다 여러분이 세상에 하나밖에 없는 존재라는 자부심이 들 겁니다. 이 말이 여러분에게 어떤 영향을 미치는지 잘 생각해 보세요. 가면과 허울이 벗겨지면서 여러분이 온전하고 흠 없는 내적 성역으로, 즉 진정한 자아에 점점 가까이 다가가는 것을 느끼게 될 겁니다. 손상되지 않고 하느님의 숨결

이 담긴 자신의 심성을 볼 수 있도록 예수님은 여러분을 인도해 주십니다. 그것을 체험하게 될 것입니다. 여러분이 마음속 저 깊은 곳의 자아를 접하게 되면 루가 복음사가가 말하는 부활이 무슨 뜻인지 알게 될 것입니다. 여러분의 자아는 죽음의 문턱을 무사히 넘어 하느님의 영광을 받으며 밝고 순수하게 빛날 것입니다.

48. 우리를 가만 내버려 두지 않는 예수

각 시대마다 사람들은 나름대로 예수님을 이해하려고 애썼다. 그러면서 예수님의 새로운 모습을 발견했다. 하지만 자신들이 기대했던 모습과 다르면 그냥 도외시해 버렸다. 말하자면 자신들의 목적이나 욕구에 따라 예수님을 이용했다. 그러나 예수님은 어느 한 가지 모습으로 얽어맬 수 없는 분이다. 그분에게는 그 어떤 모습도 어울리지 않는다. 그분은 그 어떤 목적으로 이용당하지 않는다. 내가 앞에서 예수님의 여러 가지 모습에 대해 이야기했지만 사실 이렇게 자문하지 않을 수 없다. '이분이 정말 예수님일까? 아니면 그분에 대한 나의 바람을 이야기한 걸까? 예수님은 정말 어떤 분일까?'

예수님에 대해 생각하면 할수록, 예수님에 대해 묵상하면 할수록 더 많은 모습들이 떠오른다. 예수님이 정말 어떤 분인지 일일이 다 헤아릴 수가 없다. 중요한 일은 내가 읽고 보고 알게 된 모든 것을 예수님의 뜻에 비추어 보는 것이다. 예수님은 오늘 나의 상황과 사회·정치적 상황을 보시며 무슨 말씀을 하실까? 내가 다른 종교에 대해 깊은 관심을 가지고 붓다, 무함마드, 노자 같은 종교의 창시자에 대해 연구한다면 예수님에 대해 어떻게 생각하게 될까? 참선(명상)을 수행함으로써 예수님의 어떤 새로운 면을 보게 될까? 자아초월심리학을 공부한다면 예수님을 새롭게 보게 될까? 유다교 전통을 살피면서 그

전통 안에서 예수님을 이해한다면 예수님을 어떻게 이해하게 될까?

예수님을 생각하면서 묵상하다 보면 한 가지 생각이 점점 더 뚜렷해진다. 예수님은 내가 베고 잘 수 있는 부드러운 베개가 아니다. 나의 생활방식을 정당화하거나 입증하는 데 예수님을 이용할 수 없다. 예수님은 수긍하지 않고 도리어 문제를 제기하신다. 마음을 편하지 않게 하신다. 전에 체험해 보지 못한 자유를 내게 선사하기도 하지만 분발을 촉구할 때도 있다. 그래서 나의 삶에 결코 만족할 수가 없다. 나는 바리사이들처럼, "하느님의 계명을 다 지켰다"거나 "이제 정말 예수님을 따라가야지"라고 말하지 못하겠다. 예수님은 아직도 내가 부족하다는 양심의 가책을 갖지 마라 하신다. 영적으로 성숙해져야 한다는 압박감에서 벗어나라 하신다. 그런가 하면, 우쭐대며 나의 영성을 과시하거나 묵상을 통해 초탈한 상태에 도달해 깊은 영적 체험을 한다는 허상을 가지지 못하게 막아 주신다. 예수님은 역설적이다. 실패하여 좌절한 사람에게는 하느님을 받아들일 수 있는 용기를 주고, 하느님께서 늘 함께 계실 거라고 약속해 주신다. 하지만 영적 수행의 길을 가는 사람은 결코 마음 편하게 두시지 않는다. 정말 가차 없이 어두운 면을 다 들추어내신다. 하느님을 독차지하겠다는 생각이나 영적 월계관을 쓰고 있다고 자부하거나 특별한 존재라고 생각하는 것을 용납하지 않는다.

예수님은 나를 마음 편하게 내버려두지 않는다. 매번 나를 다시 돌아보게 만드신다. 그분은 정말 알 듯 모를 듯한 분이다. 마음속 깊이 감동할 만한 멋진 말씀을 하시는가 하면, 무슨 뜻인지 알 수도 없고, 기분 상하는 말씀을 하시기도 한다. 하지만 예수님의 꾸지람을 듣고 함부로 예수님의 모습을 지어내지 말 일이다. 예수님은 내가 당신에 대해 이러쿵저러쿵 생각하시는 것을 용납하지 않는다. 그분은 항상 전혀 다른 분이다. 이런 예수님을 나는 항상 새롭게 받아들여야 한다. 예수님은 정말 어떤 분일까? 그분이 정말 하려는 말씀은 무엇일까? 무엇 때문에 그분은 오늘 내 마음을 움직이려고 할까? 예수님 말씀을 예로 들어 본다. 그 말씀은 오늘날 우리가 가진 자아형성에 대한 생각과 전혀 맞지 않는다. "누구든지 내 뒤를 따르려면 자기 자신을 버리고 제 십자가를 지고 나를 따라야 합니다"(마태 16,24). 오늘날 우리가 중요하게 생각하는 것은 자아실현이며 내적 조화다. 물론 예수님 말씀이 나를 비뚤어지게 만들고 깎아내리라는 뜻은 아니다. 하지만 "자기 자신을 버려라"는 말씀은 여전히 쉽게 받아들여지지 않는다. "자기 자신을 버리라"는 말은 그리스어로 '아니오라고 말하다, 저항하다'라는 뜻이다. 예수님의 제자가 되려면, 중심에 서려 하고 스스로 최고라고 자부하는 나의 자아에게 "아니오"라고 말해야 한다. 물론 감정이 상하고 모욕을 느끼겠지만 말이다. 모든 것을 혼자서 독차지하고 항상 자기 위주로 생각하는 내 자아의 습성을 버려야 한다. 허울 좋은 욕구를 버리고, 자아의 독재에 저항한다면 진정한 자아를 볼 수 있다. 그러면 내가 본래 누구인지, 나의 가장 강렬한 욕망이 무엇인지 알게 된다. 그리고 나는 자아형성이란 늘 십자가를 지는 것을 뜻한다는 사실을 깨닫게 될 것이다. 티격태격, 옥신각신하며 내 영혼이 저항하더라도 나는 그런 나를 받아들여야 한다. 그럴 때마다 마음이 아플 수도 있다. 하지만 예수께서 말씀하신 '진정한 삶'을 발견하게 될 것이다.

여러분이 생각하는 예수님의 모습들을 떠올려 보세요. 자신의 생각이 그 모습에 나타나 있지는 않습니까? 이런 예수님의 모습들을 보면 여러분은 자신의 생각이 옳다는 느낌이 듭니까? 아니면 자신의 생각이 잘못되었다는 느낌이 듭니까?

예수님의 어떤 말씀이 그렇게 여러분의 마음을 뒤숭숭하게 만듭니까? 어떤 말씀 때문에 기분이 상했습니까? 여러분은 알쏭달쏭한 예수님 말씀에 어떤 자극을 받습니까? 예수님 말씀은 여러분에게서 어떤 점을 이끌어내려고 할까요? 예수님 말씀은 무엇 때문에 여러분의 마음을 움직이려고 할까요?

조용히 앉아서 내면의 소리에 귀 기울여 보세요. 예수님의 어떤 모습들이 떠오르나요? 예수님이 어떤 분이며 그분이 전하는 특별한 말씀은 무엇입니까? 예수님은 오늘 여러분에게 무슨 말씀을 하십니까?

49. 번번이 눈에서 사라지는 예수

하느님이 너무 추상적이므로 예수님의 모습을 생각하면 하느님을 이해하는 데 도움이 될 거라고 말하는 사람들이 많다. 예수님을 통해 하느님을 구체적으로 생각할 수 있다는 말이다. 이것은 우리가 할 수 있는 중요한 체험이다.

그리스도 성화상 앞에서 묵상을 하면 하느님이 인간적인 모습으로 보인다. 성화상 속에서 다정하게 나를 바라보시는 예수님의 눈길에서 사랑스런 하느님을 느낀다. 예수님을 통해 하느님과 나의 관계에 인간적인 온기가 감돌게 되었다. 그런데 그 순간 예수님은 자꾸 내 눈에서 멀어지신다. 예수님의 공생활을 담은 기록영화는 없다. 복음사가들은 자신들의 경험이라는 안경을 쓰고 예수님을 보았다. 예수님 말씀 중에는 당시 시대상을 반영한 것이 많다. 예수님은 내가 사는 시대와는 다른, 아주 먼 옛날에 사신 분이다.

예수님은 정말 어떤 분일까? 예수님에 대한 역사적 연구를 통해 새로운 사실이 많이 밝혀졌지만 그분의 생생한 모습을 밝히는 데는 결국 실패했다고 알베르트 슈바이처 박사는 평가했다. 예수님을 이리저리 해석해 봐도 그분이 어떤 분인지 밝힐 수가 없다. 어떤 것이 예수께서 실제로 하신 말씀인지, 어떤 것이 그 말씀에 대한 그리스도 공동체의 해석인지 아직도 의견이 분분하다.

예수께서 매번 내 눈에서 사라지기 때문에 나는 늘 활기를 띤다. 내가 이 책에서 예수님의 모습을 많이 소개했지만 예수님의 실제 모습을 모르는 것은 여러분이나 나나 마찬가지다. 예수님은 내가 소개한 여러 모습으로 우리에게 나타난다. 그런데 그분은 이런 모습으로만 보이는 것을 원하지 않는다. 그분은 이런 모습의 저편에 계시다. 하느님처럼 예수님도 어느 한 가지 모습으로만 이해할 수 없다. 성화상을 그린 사람들은 예수님의 실제 얼굴 모습을 그대로 재현했다고 생각했다. 성화상은 예수님(이 십자가의 길에서 땀을 닦았을 때) 얼굴이 새겨진, 이른바 에데사의 '투린 수건'을 바탕으로 그린 것이다. 성화상 화가들은 이 수건에 나타난 얼굴 모양을 보고 예수님의 얼굴을 그렸다. 그런데 투린의 무덤 수건에 나타난 자국이 정말 예수님의 얼굴 자국일까? 그리고 이것이 실제로 예수님의 얼굴이라고 해도 거기서 예수님의 인격을 알 수가 있을까?

구약성서에는 하느님 형상을 만들지 말라는 구절이 있다. 7세기에 성화상 논쟁이 있었다. 그리스도를 통해 하느님을 우리 눈으로 볼 수 있게 되었다고 주장하는 신학자들이 있었는데, 결국 그들의 의견은 관철되어 하느님의 형상을 그릴 수가 있었다. 그러나 이 경우에도 생각해야 할 것이 있다. 우리는 형상을 통해 그 뒤를 보아야 하고 형상들 뒤에 있는 형상을 보아야 한다. 예수님은 어떤 형상으로 포착되지 않는다. 모든 형상은 예수님을 가리킨다. 하지만 예수님은 그 형상 속에서도 숨어 계시다.

영적 상담을 하다 보면 예수님과 개인적 관계를 맺고 싶어 하는 사람들을 자주 만난다. 사람들은 그동안 예수님을 소홀히 했다고 털어놓거나 언제부터인가 예수님과 소원疏遠해졌다고 넋두리한다. 사람

216

들은 예수님과 친구로 지내려고 한다. 하지만 예수님을 친구로 삼는데도 문제가 있다. 예수님을 독차지하고 예수님의 한 가지 모습만을 보려고 한다. 그것은 자신의 바람일 뿐 예수님의 실제 모습과는 거리가 멀다. 예수님은 부활한 분으로서 우리와 함께 사신다. 우리도 엠마오로 가는 제자들과 같다. 그분은 우리에게 모습을 보이자마자 시야에서 멀어진다. 그리고 우리만 혼자 남는다. 항상 우리 곁에 계시면서 삶과 사랑의 신비로 인도해 주시는 분이 예수님인지 아니면 예수님의 모습에 우리 욕구가 반영되어 있는지 확신이 서지 않는다.

우리는 예수님과 관계 맺으면서 체험을 하든 못하든, 어떤 모습을 떠올리든 말든, 눈에 보이든 안 보이든 이런 상황을 수긍해야 한다. 우리는 예수님을 붙잡을 수 없다. 그럼에도 불구하고 2,000년 전에 사신 예수께서 부활해 아버지 오른편에 앉아 계시며, 오늘 우리와 동행하시고, 우리 곁에, 우리 안에 계시다는 것을 믿어도 좋을 것이다. 때때로 우리는 확신한다. "지금 예수께서 여기 계시다. 지금 그분의 말씀이 가슴에 와 닿는다. 지금 그분이 살아 계시다는 것을 느낀다. 지금 그분의 모습이 보인다. 하지만 어느새 예수님은 우리 눈에서 사라지신다. 이제 우리는 그분을 볼 수 없고 그분이 계시다는 것을 느끼지 못한다. 우리는 혼자서 길을 가는 느낌이다."

그분은 우리가 손으로 잡으려고 하면 사라지신다. 우리는 오직 믿을 수 있을 뿐 보지 못하며, 희망할 수 있을 뿐 확신하지 못한다.

관계를 맺을 때에도 중요합니다. 관계의 한쪽이 잘되면 다른 한쪽도 잘못되지 않습니다. 여러분이 자기 자신을 체험한다면 때때로 예수님도 체험할 수 있을 것입니다.

편협하고 옹졸한 사람들 때문에 화가 났다면 예수님 말씀을 음미해 보세요. "목숨을 구하려는 사람은 잃을 것이요, 나 때문에 목숨을 잃는 사람은 얻을 것입니다"(마태 16,25). 화나거나 갈등을 겪을 때, 마음이 상할 때, 예수께서 어떤 분인지, 나에게 무엇을 가르쳐 주시려는지 생각날 것입니다. 또한 그때마다 마음에 품고 있던 예수님 모습들을 떨쳐 버리고 매일 새롭게 예수님을 이해하려고 애써야 합니다. 예수님은 언제 어디든 여러분과 동행하지만 번번이 눈에서 사라지는데 이것은 여러분이 앞으로도 영원히 그분을 뵐 수 있도록 하기 위해서입니다.

50. 내 생명 예수

필립비인들에게 보낸 바울로 사도의 편지에 이런 구절이 있다. "사실 나에게는 삶이란 곧 그리스도요 죽는 것이 이익입니다"(필립 1,21). 바울로 사도는 예수님에 대해 어떤 체험을 했기에 이런 글을 쓸 수 있었을까?

이 문장에서 무엇이 주어이고 무엇이 술어인지, 성서학자들 사이에 논쟁이 뜨겁다. 원래는 "사는 것"이 주어였을 것이다. "사실 나에게는 사는 것이 곧 그리스도입니다. 나에게 사는 것은 그리스도 안에서 가능합니다." 바울로 사도에게는 그리스도와 사는 것이 서로 맞바꿀 수 있을 정도로 동일했다. 그리스도가 없는 삶은 더 이상 참된 삶이 아니었다. 그리스도 안에 진정한 삶이 있다고 보았다. 그리스도 없는 모든 것은 죽은 것이며 허울뿐이다.

바울로 사도는 우리가 선행을 통해 구원을 얻어야 한다는 압박에서 벗어날 수 있도록 예수께서 도와주셨음을 몸소 체험했다. 구원받기 위해 스스로 노력하지 않아도 된다고 생각했다. 예수께서 그를 위해 돌아가셨고, 그래서 온갖 선행과 무관하게 하느님의 무조건적인 사랑을 받고 있다는 것을 예수님을 통해 체험했다. 그러므로 더 이상 자신을 의롭게 할 필요도 없고 '올바르게' 할 필요도 없었다. 하느님의 사랑은 예수님을 통해 그를 '의롭게 하셨다'. 하느님의 사랑을 통해 그는 삶과 존재에 대한 의미를 깨닫게 되었다. 그리스도는 그를 해방시켰으며 자아를 찾게 해 주셨다. 이제 그는 안도의 숨을 내쉬며 살 수 있게 되었다. 이것은 바울로 사도의 삶에서 결정적인 체험이었다. 이러한 체험으로 그는 율법만 생각하는 편협하고 소심한 사람에서 하느님의 은총을 믿는 자유로운 사람으로 머리에서 발끝까지 변모했다.

바울로 사도는 갈라디아인들에게 보낸 편지에서 자신의 체험에 대해 이렇게 말했다. "나는 그리스도와 함께 십자가에 달려 죽었습니다. 이렇게 나는 살아 있지만 내가 아니라 그리스도께서 내 안에 살고 계십니다"(갈라 2,19-20). 바울로 사도의 자아와 세상의 율법은 그리스도와 함께 십자가에 처형되었다. 즉, 이 세상의 모든 규범은 무효화되고 삭제되었다. 만사를 올바르게 해야 한다는 강박도 더 이상 존재하지 않았다. 나는 이제 세상 사람들이 기대하는 대로 살 필요가 없고, 영적인 사람들이 기대하는 대로 살 필요도 없다. 나 스스로 무언가를 할 필요가 없다. 그리스도께서 나를 변화시켜 주신다. 이제 내 안에는 자아가 살지 않고 그리스도께서 사신다. 하인리히 쉴리어는 이 체험을 이렇게 표현했다. "세례받은 사람의 실존은 자신의 자아를 통해, 즉 기존의 '자연적인' 인간을 통해서 이루어지지 않고, 그 사람 안에 새로 창조된 사람을 통해 이루어진다. 우리가 그리스도의 존재 안으로 옮겨짐으로써 … 그리스도께서 우리의 존재 안으로 들어오셨다." 바울로 사도는 예수님을 체험함으로써 주위 사람들의 눈과 자신의 인간적·영적 성숙, 그리고 사람들에게 비친 그의 모습에서 해방되었다. 그가 체험한 예수님은 그를 높은 차원으로 끌어올려 진정한 삶이 무엇인지 깨닫게 만드는 분이었다.

내가 개인적으로 바울로 사도의 말에 관심 있는 부분은 신학적인 해석이 아니라 그의 체험이다. 바울로 사도는 어떻게 예수님을 체험했을까? 그는 예수님과 개인적 친분이 전혀 없었다. 그의 처지도 우리 처지와 다르지 않았다. 우리는 예수님을 뵌 적도 없고 말씀을 들은 적도 없다. 바울로 사도는 예수님에 대한 내적 체험을 했다. 그리고 이 내적 체험을 통해 그는 완전히 변했다. 체험하기 전 그의 삶은 진정한 삶이 아니었다. 그것은 그저 율법을 지키면서 바르게 살고 선행을 통해 하느님의 은총을 얻으려는 시도였을 뿐이다. 바울로 사도는 예수님을 체험하기 전까지 자신이 살아 온 생활방식을 "쓰레기"(필립 3,8)로 평가했다. 이제 그는 예수님 안에서 완전히 다른 하느님을, 자신을 조건 없이 사랑하시는 하느님을 체험했다. 또한 자기 자신을 아주 새롭게 체험했다. 예수님을 통해 그는 훼손되지 않는 존엄성을 가지고 있고 지금 모습 그대로 사랑받는다는 사실을 깨달았다. 그리고 자신에게 오신 예수님 안에서 살고 있다는 믿음을 갖게 되었다. 그리스도는 그가 가장 생생하게 체험한 대상이었다. 그는 자아에 따라 행동하지 않고 그와 더불어 성장한 그리스도에 따라 행동했다. 그래서 박해와 죽음을 두려워하지 않았다. 왜냐하면 삶의 모든 것은 그리스도 안에서 그 의미가 있기 때문이다. 그리고 죽음조차도 득이 된다. 죽으면 그의 갈망이 채워지고 그리스도 곁에 있을 테니 말이다(필립 1,23 참조).

정말 내가 알고 싶은 것은 바울로 사도는 그리스도를 체험했는데 왜 나는 체험하지 못하냐는 것이다. 때때로 묵상을 하다 보면 예수께서 어떤 분인지 깨닫게 된다. 그러면 바울로 사도의 말에 담긴 진리를 어렴풋이 알 것 같다. 그러나 이 체험을 붙잡아 두려고 하면 어느

새 사라지고 만다. 또한 바울로 사도의 말을 곰곰이 생각해 보면 그 말이 정말 무슨 뜻인지 알 수 없다. 결국 바울로 사도의 말을 이해하기 위해 내가 그토록 고심했구나 하는 생각과 더불어 그리스도 체험에 내 삶의 성패가 달려 있다는 깨달음이 온다. 내가 바울로 사도처럼 그리스도께서 내 마음 깊은 곳에 살아 계시다는 것을 체험한다면 나는 진실로 살 것이요 삶의 신비, 하느님의 신비, 나 자신의 신비를 만날 것이다.

여러분에게 삶은 어떤 의미입니까? 오늘 하루 동안 다음 문장을 완성해 보세요. "나에게 삶은 … 이다." 은유적인 표현도 가능합니다. "나에게 삶은 사라지는 향이고 피는 꽃이며 부는 바람이다." 아주 조심스럽게 "나에게 삶은 그리스도다"라고 말하면 기분이 어떻습니까? 어떤 느낌입니까? 여러분의 경험과 동떨어진 추상적인 말입니까? 아니면 참된 삶이 무엇인지 어렴풋이 깨닫게 됩니까? 예수님에 대한, 정말 가슴 후련한 체험을 하게 될까요? "너는 조건 없이 사랑받고 있다. 자신을 정당화할 필요도 없고 능력을 과시할 필요도 없다. 드러내 보이려고 할 필요도 없다. 꾸밈없이 소박하게 살아도 되고 삶을 느껴도 된다." 이것이 바로 예수께서 여러분에게 주시는 체험입니다. "당신은 해방되었으니 이제 당신의 삶을 사십시오."

예수님은 나의 삶을
어떻게 변화시키셨을까?

후기

앞서 소개한 50가지 예수님의 모습에는 내가 예수님에게 느낀 매력과 감동이 듬뿍 담겨 있다. 예수님의 신비를 더 많이 발견하려고 이 모습들에 대해 묵상해 보았다. 예수님의 이런 모습을 보면서도 의문은 아직 남아 있다.

예수님이 나의 삶을 어떻게 이끌고 계시나? 예수님을 통해 내 삶이 달라졌나? 예수님은 나의 삶에서 구체적으로 무엇을 변화시키셨나? 예수님을 몰랐다면 지금과 다르게 살았을까? 무엇이 달랐을까? 예수님을 통해 나는 무엇을 배웠나? 예수님과의 만남을 통해 나 자신을 어떻게 생각하게 되었나? 나는 내 삶을 어떻게 생각하고 있나? 예수님은 내 마음에 어떤 변화를 일으키셨나? 하느님과 나의 관계, 사람들과 나의 관계, 나의 일상, 참된 삶을 찾으며 고심하는 나의 행동에 예수님은 어떤 의미가 있나? 예수님은 나의 신앙에 어떤 역할을 하나? 어디서 나는 실제로 예수님을 만나고 있나? 나는 언제, 어떻게 예수님을 생각하나? 그분은 어떻게 나의 생각과 감정에 영향을 끼치나?

나의 예수 기도

30년 전부터 나는 매일 예수님께 기도를 드렸다. 이 묵상기도는 4세기경부터 수도승들이 드렸던 기도로 그 후 동방교회에 널리 퍼졌다. 기도문은 다음과 같다. "하느님의 아들이신 주 예수 그리스도님, 저에게 자비를 베푸소서!" 동방교회는 이 기도문에 복음 내용이 전부 함축되어 있다고 말한다. 예수님 안에서 이루어진 하느님의 강생과 그리스도를 통한 구원에 대한 믿음이 바로 그것이다.

나는 호흡에 따라 이 기도를 바친다. 숨을 들이쉬며 속으로 "주 예수 그리스도님"이라고 말하고, 숨을 내쉬며 "하느님의 아드님, 저를 불쌍히 여기소서!"라고 말한다. 아침에 성무일도를 바친 후에 그리스도 성화상이 모셔진 묵상 장소에 가서 이 기도를 바친다. 촛불을 켜고 나무의자에 앉아 호흡을 가다듬는다. 눈은 그리스도 성화상을 바라본다. 이 기도는 예수님의 영이 내 안에 스며들어 깃들게 만드는 좋은 방법이다. 호흡과 더불어 기도를 바치면 예수님의 자비, 온화하심과 선하심, 용서하시는 사랑, 예수 성심의 따스함이 내 안에 밀려와 충만해짐을 느낀다.

일상사, 함께 생활하는 형제들과의 갈등, 행정 업무, 내가 임명한 사람들에 대한 실망, 걱정, 화, 슬픔, 괴로움 등이 밀려오면, 나는 이런 생각과 감정에 이 기도를 이입시킨다. 그러면 이런 생각과 감정이 잦아들고 그리스도께서 내 안에 계시는 것을 느낀다. 화가 가라앉고 갈등이 풀리고 상한 기분이 누그러진다. 그리스도는 마치 매일 내 고민거리의 매듭이 풀리는 공간과 같다는 느낌이다. 그러나 그분은 나에게 자극도 주신다. 그분을 바라볼 때마다 나는 상처 입은 마음을 보여드리지 않을 때가 없다. 그분에게 기도드릴 수도 없고 다른 사람에게 앙심을 품고 있을 수 없을 때도 있다. 나의 기도는 예수님과 벌이는 씨름이다. 그리고 예수께서 내 격한 감정을 가라앉혀 상한 감정을 풀어주는 데 꽤 오래 걸리는 경우도 많다.

때때로 내가 속이고 있는 것은 아닌지 스스로 묻곤 한다. 이 기도가 아무런 소용이 없다는 느낌이 드는 경우도 종종 있다. 하지만 그러다 결국 내 마음이 평온해지고 예수님의 따스한 사랑이 내 마음속에 스며드는 것을 느낀다. 그러면 예수께서 내 생각과 감정을 다스려 주시고 내 행동도 이끌어 주신다. 이제 나의 생각과 감정을 다스리는 것은 일상이 아니라 예수 그리스도다. "이제 나는 더 이상 살지 않고 그리스도께서 내 안에 살고 계십니다"(갈라 2,20)라고 말하는 바울로 사도의 체험을 알 듯도 하다. 그러나 이런 체험은 시간이 가면서 종종 잊히기도 한다. 마음의 상처를 입으면 모욕감과 괴로움이 밀려든다. 마치 예수님과 연이 끊긴 듯한 기분이다. 갈등을 겪으며 치솟은 감정이 내 마음속에 계신 예수님보다 더 위력을 발휘한다. 그러면 예수님의 영이 내 마음속 깊이 들어와 격앙된 감정을 가라앉히고 내면의 혼돈을 바로잡기까지 오랜 시간 노력해야 한다.

예수님께 기도를 바치는 것은 예수님께 돌아오는 것과 같다. 제자들이 자신의 능력과 영성을 가지고 예수님 이름으로 예수님의 가르침을 전하고 돌아왔듯이, 나 또한 제자들처럼 매번 예수님께 돌아온다. 그리고 그분의 말씀을 듣는다. "따로 외딴 곳에 가서 좀 쉬도록 하시오"(마르 6,31). 예수님께 기도를 바치는 것은 예수님 곁에서 쉬는 것과 같다. 그러면 내 영혼이 평온해진다. 내 영혼은 다시 예수님의 영으로 충만해진다. 저 깊은 곳까지 맑아져 예수께서 그곳에 사시게 된다.

성찬식 ─ 예수와의 만남

나는 성찬식을 되도록이면 매일 거행하는 것이 중요하다고 생각한다. 성찬 때 나는 예수님을 몸소 만난다. 그때 나는 예수님의 육화된 사랑이 온몸에 스며들도록 그 사랑을 먹고 마신다. 나의 일상과 처지와 마음 상태를 성찬식 때 봉헌하며 하느님께서 내 안에 있는 모든 것을 변화시켜 예수님의 영을 가득 채워 주십사고 기도한다.

내가 매일 새로운 감동을 받는 두 예식이 있다. 첫째, 축성 기원(에피클레시스) 예식이다. 나는 두 팔을 벌리고 빵과 포도주가 예수님의 몸과 피가 되도록 성체를 축성해 주십사고 성령께 기도한다. 성령께서 나의 기도와 갈등, 열망과 소원, 실망과 상심을 변화시켜 예수님의 영이 그 안에서 빛나기를 바라는 것이 매일 내가 드리는 기도이다. 나는 이렇게 기도한다. "예수께서 빵과 포도주 안에만 들어오시지 말고 나의 생각과 말과 행동 그 모든 것 안에 들어오소서. 그 모든 것이 그리스도를 증언하게 하소서. 모든 것이 그리스도를 통해 사람들의 양식이 되고 마음을 기쁘게 하는 빵과 포도주가 되게 하소서."

둘째, 영성체 예식이다. 빵과 포도주를 영하면서 나는 예수님을 내 안에 받아 모신다. 포도주에서 예수님 사랑이 내 안으로 흘러 들어와 내게 새 맛을 선사한다. 내 안에 예수님 사랑이 스미는 것을 온몸으로 느낀다. 내 모든 감각과 지극한 열망으로 예수님을 느껴 보려고 노력한다. 예수님 사랑의 맛이 순간의 감정으로만 남지 말고 사람과 일에 대한 나의 관계를 변화시키기를 바란다. 나의 일을 구체적으로 생각해 본다. 완고한 형제들, 동료 직원들, 내게 영성 상담을 하는 사람들, 이 모든 사람과의 만남을 생각한다. 예수께서 내 안에도 그들 안에도 계시다면 그들을 어떤 눈으로 바라보고 어떤 말을 해야 할까? 이 생각을 하면 부담스런 골칫거리를 안긴 사람들에 대한 껄끄러운 마음이 사라진다.

예수 ─ 나와 하느님의 관계

하느님은 예수님을 통해 인간적인 모습을 보여주셨다. 하느님을 전혀 느끼지 못하거나 내가 만들어 낸 많은 개념과 형상 뒤편에 숨어 하느님이 보이지 않을 때, 예수님을 바라보면 도움이 된다. 말씀, 사람을 대하는 태도, 사랑스런 응시, 쓰다듬는 손길, 나는 예수라는 사람을 본다. 그리고 이 사람 안에 하느님이 보인다. 예수님을 바라보면 하느님의 어느 한 모습에 만족할 수 없다. 하느님은 인간에게 믿음을 주시고 조건 없이 사랑하시며 참된 현실을 깨달을 수 있도록 눈 열어 주신다.

기도하려고 조용히 묵상하노라면 종종 의심도 든다. 하느님은 내가 한세상 좀 더 편히 살려고 상상해 낸 존재가 아닐까? 정말 하느님은 누구일까? 하느님은 그저 만물을 관통하는 비인격적인 힘일까? 이런 질문과 의심이 밀려올 때 예수님을 바라보면 위안이 된다. 예수님은 실제로 사신 분이다. 그분 안에서 나는 하느님과 대면한다. 내가 예수님의 모습들을 묵상하면 하느님을 그냥 지나치지 않게 된다. 예수님이 하느님에 대해 말씀해 주시기 때문이다. 하느님은 예수님 안에 생생히 살아 계시다. 하느님은 예수님을 통해 용서하시는 분, 용기 주시는 분, 자비로운 분으로 내게 다가오신다. 다가와 말 건네시고 바라보시며 손으로 쓰다듬어 주시는 분으로, 나의 '그대'로서 내 앞에서 영롱하게 빛나신다. 예수께서 필립보 사도에게 약속하신 말씀이 무슨 뜻인지 알 것 같다. "나를 본 사람은 이미 아버지를 보았습니다"(요한 14,9). 나는 이 말씀을 묵상하며 스스로 묻는다. "그 말씀이 옳다면 나는 나 자신과 다른 사람과 다른 피조물을 어떻게 체험하고 있을까?"

이런 예수님을 통해 나는 하느님의 신비와 삶의 신비를 깨닫는다. 예수님을 바라보면 하느님과 나의 관계는 더욱 인간적이 되고 다정해진다.

예수 — 나와 이웃의 관계

예수님은 제자들에게 이웃을 생각하며 돌아보라는 말씀을 자주 하셨다. 제자들은 이웃의 모습에서 예수님을 보았다. 예수님은 최후심판에 대해 절실하게 말씀하셨다. 예수님은 가난한 사람, 감옥에 갇힌 사람, 굶주린 사람, 헐벗은 사람이 바로 자신이라고 말씀하신다. "너희는 내가 굶주렸을 때 먹을 것을 주었고, 목말랐을 때 마실 것을 주었으며, 나그네 되었을 때 맞아들였다. 헐벗었을 때 입혀 주었고, 병들었을 때 돌보아 주었으며, 감옥에 갇혔을 때 찾아와 주었다"(마태 25, 35-36).

우리는 이웃의 모습에서 그리스도를 볼 수 있어야 한다. 하지만 어떻게? 우리는 모든 사람에게서 나자렛 예수를 실제로 볼 수는 없다. 그럴 때는 누구나 예수님의 형제자매라는 사실을 떠올리면 도움이 된다. 누구에게나 하느님의 심성이 있다. 누구에게나 자아가 있고, 자아 안에는 그리스도가 계시다. 이 자아가 바로 그리스도다. 그리스도는 각자의 내면에 깃든 심성이다. 사람 안에는 자신을 능가하는 신비가 있다. 누구나 예수 그리스도 안에서 이루어진 하느님의 강생을 체험한다. 누구에게나 하느님의 모습이 영롱하게 빛난다.

다른 사람에게서 그리스도를 본다는 것은 모든 사람 안에 그리스도가 계시다는 것에 대한 신학적 설명 이상의 의미가 있다. 구체적으로 나에게는, 이웃의 겉모습에 현혹되지 말아야 한다는 뜻이다. 이웃의 외양을 통해 내면을 볼 수 있어야 한다. 누구나 좋은 심성을 속에 감추고 있다. 사람 깊은 속에 그리스도의 얼굴이 있다. 다른 사람에게서 그리스도를 보려는 시도는 도덕적 요청이 아니라 신앙의 요청이다. 믿음이란 하느님에 대한 믿음일 뿐 아니라 사람과 사람 안의 좋은 심성을 신뢰한다는 뜻이다. 비관주의, 불신, 인간경시는 하느님에 대한 믿음이 없다는 증거다. 이웃과의 관계에서 하느님의 문제는 중요하다. 어디서 하느님을 볼 수 있느냐 하는 문제는 중요하다. 사람에게서 하느님을 볼 수 있어야 하며, 사람에 대한 구체적인 사랑을 통해 하느님 사랑이 드러나지 않는다면, 그것은 한낱 광대놀음에 지나지 않는다는 것을 예수님은 내게 가르쳐 주셨다. 예수님은 이 말씀을 하시면서 나를 편하게 내버려 두지 않는다. 그분은 끊임없이 다른 얼굴로 나를 만나신다.

모든 사람 안에 그리스도가 계시다는 믿음은 정치적 파장을 불러일으킨다. 예수님은 사회 언저리 사람들, 굶주리고 목마른 사람들, 감옥에 갇힌 사람들, 헐벗은 사람들 안에 있는 그리스도를 보라고 말씀하신다. 예수님은 우리의 신앙생활에 안주하지 못하게 우리를 닦달하신다. 또 시선을 나에게서 사회 언저리 사람들과 빈곤을 야기하는 불공평한 사회구조로 돌리라고 말씀하신다. 모든 사람 안에 그리스도께서 계시다는 것을 믿는 한, 좋아하는 사람과 싫어하는 사람을 가리지 말고, 외국인이든 망명객이든 나와 '코드'가 맞든 말든, 모든 사람들을 이해하고 받아들일 수 있는 마음의 자세를 가질 일이다.

예수 — 나의 다른 종교 체험

1960년대 말, 나는 수도원의 영성 수련법에 한계를 느끼고 몇몇 동료 수도승들과 함께 참선 수행을 하면서 불교와 힌두교를 연구했다. 나는 당시 두 종교의 영적 체험에 매력을 느끼고 있었다. 그리고 다른 종교와 대화함으로써 예수님에 대한 나의 시각이 바뀌게 되었다.

불교를 통해 나는 요한 복음과 바울로 사도의 편지에 나타나는 그리스도교 신비주의에 눈뜨게 되었다. 불교와 대화하면서 예수님의 말씀을 새롭게 이해하게 되었다. "회개하시오"(메타노에이테)라는 말이 있다. 한때 나는 이 말에 그저 도덕적·비관적인 뜻만 담겨 있으려니 했다. 그런데 불교를 접하면서, 사물의 이면을 보고, 현상 배후에 있는 근원적인 것을 인지하고, 허상 세계 뒤에 있는 신의 세계를 인식하라고 예수께서 말씀하신다는 사실을 깨달았다. 힌두교를 통해 나는 다양성과 통일성 간의 갈등을 더욱 유심히 살피게 되었다. 예수께서도 삶을 통해 이것을 몸소 보여주셨고 제자들과 이별하는 자리에서도 이 문제를 거론하셨다는 사실을 새삼 알게 되었다. 예수님은 내가 심란할 때 나 자신과 하나 되는 법을 가르쳐 주시고, 다른 사람들과 피조물, 하느님과 모든 존재의 근거와 하나 되는 법을 일깨워 주셨다.

신약성서 저자들은 당시에 이미 다른 종교와 대화했다. 루가 복음사가는 그리스 철학과 신화를 염두에 두며 예수님의 모습을 그렸다. 베드로 후서에서는 헬레니즘 혼합주의와 대화하시는 예수님의 모습을 볼 수 있다. 헬레니즘 혼합주의에는 페르시아·이집트·그리스 종교가 뒤섞여 있다. 복음사가들은 다른 종교의 개념과 사고를 나름대로 받아들여 예수님을 이해하는 데 활용했다. 따라서 다른 문화와 종교를 공부하면서 예수님의 새로운 면을 발견하는 것은 정당한 일이다.

2001년 한국에 갔을 때 나는 유교·불교와 대화하면서 새로운 눈으로 예수님을 보는 것이 얼마나 중요한지 알게 되었다. 그때 예수님은 스승으로, 영성의 대가로 내게 오셨다. 그분은 어느 모로도 붓다에게 뒤지지 않는 영성의 길을 아주 명료한 말씀으로 가르쳐 주셨다.

예수님을 종교 창시자의 한 사람으로 보는 것은 나에게 중요한 문제가 아니다. 나에게 예수님은 하느님의 아들이며 앞으로도 늘 그럴 것이다. 하느님은 그분 안에서 독특한 방법으로 당신을 계시하셨다. 신학자 칼 라너의 표현을 빌리면, 나에게 그분은 "하느님의 절대적 자기통지"다. 그러나 우리 그리스도인들이 예수님의 신비를 다 깨달으려면 아직 멀었다. 우리는 항상 서양문화의 시각에서 그분을 바라볼 뿐, 그분께서 말씀하시는 특정 영역에 대해서는 까맣게 모른다.

다른 종교와의 대화는 예수님 안에 있는 천상의 부를 알아볼 수 있도록 나의 시야를 넓혀 준다. 내가 솔직히, 다른 문화와 대화하는 과정에서 예수님에 대한 사랑이 점점 더 커진다. 그분이 나에게 얼마나 소중한 분인지를 몸으로 느낀다. 그런가 하면 우리 그리스도인들이 예수님을 늘 어두운 곳에 모셔 감추려고 하고, 또 그분을 내세우며 남들보다 우월하다는 생각을 하고, 다른 신앙을 가진 사람들을 공격하는 데 그분을 앞잡이로 삼아 왔다는 사실에 나는 화가 난다.

내가 예수님께 매료되는 이유

끝으로 내가 예수님께 어떤 매력을 느끼는지 개인적인 고백을 하고 싶다. 내가 생각하는 예수님의 모습과 예수님과 나의 관계에 발전이 있었음을 알게 되었다.

어린 시절 예수님은 내 생활의 모범이셨다. 그분에게 나는 열광했다. 그분을 닮아야겠다는 생각으로 늘 자신을 돌아보았다. 청소년 시절에는 예수님 제자가 되겠다는 일념으로 나의 잘못과 약점을 바로잡으려 애썼다. 내 눈에 비친 그분 모습은 착하고 사람을 도우며 자유로운, 정말 사람다운 사람의 모습이었다.

대학 공부를 마칠 무렵 나는 예수님의 신비적인 모습을 알게 되었다. 예수님에 대한 요한 복음 말씀을 주로 읽었다. 이런 예수님의 신비적인 모습을 보면서 나는 예수께서 내 안에 계시며, 예수님을 통해 진정한 나의 존재를 발견하고 그분께서 나의 참된 자아가 되신다는 생각에 흠뻑 빠져 있었다. 그리고 예수께서 하느님다운 삶으로 나를 가득 채워, 하느님과 일치를 이룰 수 있도록 나를 이끄신다는 생각에 매료되었다.

지난 몇 년 사이 예수님과 나의 관계는 또 변했다. 이제는 예수께서 나의 일상을 주도하시는지, 또 내가 매일 겪는 갈등을 참고 견디고 해결하는 가운데 점점 예수님의 모습을 닮아 가는지, 그것이 중요하다. 내가 예수님을 올바로 믿는지 믿지 않는지는 신앙고백과 신학의 답습에 달려 있지 않다. 그보다는 일상생활에서 갈등과 실망에 빠졌을 때, 타인에게 이해받지 못해 외로울 때, 마음의 상처를 입거나 믿었던 사람들이 등 돌리고 떠나갈 때 독한 마음으로 냉혹해지는지, 아니면 내 편이라고는 아무도 없고 남들이 내 상처를 건드릴 때도, 예수님의 영이 이끄시는 대로 따르는지에 달려 있다. 예수님은 이런 상황에서도 냉혹해지지 않았다. 그분은 다른 사람들이 적대시할 때도 샘솟는 사랑을 마시며 사셨다. 십자가에 못박혀서도 사랑을 베푸셨다. 일상생활에서 갈등을 겪고 다툼을 벌일 때 예수님의 영을 온 마음에 받아들이는 것은 정말 엄청난 시련이다. 다른 사람들이 함부로 대하지 못하게 마음을 모질게 먹으며 냉정해지고 싶은 유혹을 느낄 때도 있다. 독한 마음이 생기고, 증오가 막 솟구칠 때 예수님께 그 모습을 보여 드려야 한다. 내가 예수님을 따르는지 그렇지 않은지, 모질게 치를 떠는지 예수님의 온유와 자비로 내 안을 충만케 하는지가 이럴 때 결정된다. 일상의 모든 상황은 내가 삶 속에서 예수님을 모시며 따르기 위한 시련이다.

예수님은 내가 영성 수련의 길을 가다가 이미 진리를 깨달아 초탈했다는 착각에 빠지지 않게 해 주신다. 마구 솟구치는 감정에 휩싸일 때 예수께서는, "자기를 버리고" 자아의 요구를 뿌리쳐 더 큰 자유를 얻으라고 내 안에서 말씀하신다. 나에게 예수님은 삶의 열쇠와 같은 분이다. 예수님은 내가 안으로 들어가 당신의 영을 들이쉬고 당신의 사랑을 온몸에 쐴 수 있도록 문을 열어 두신다. 그래서 나는 매일 마음의 문에 빗장을 질러야 할지 아니면 사랑과 자비와 온유를 주기 위해 문을 두드리는 예수님께 문을 열어 드려야 할지 묻고 또 묻는다. 예수님을 따르고 말고는 바로 여기 달렸다.

그리스도를 따르려면 자기를 버리고 이기심을 버리고 다른 사람을 섬겨야 한다는 멋진 말을 나도 알고 있다. 그런데 나이가 들면 들수록 과연 그럴까 하는 의구심이 든다. 영성이란 일상적인 것이라고들 한다. 갈등이 일어나고 비판받고 실망하고 상심하는 모든 상황에서 내가 상처 입은 자아를 따를 것인지, 아니면 나를 다른 차원으로, 하느님의 차원으로 인도하시는 예수님을 따를 것인지가 결정된다. 그래서 루가 복음이 중요하다. 루가 복음사가는 예수님의 삶을 묵상하면서 이런 깨달음을 얻었다. "우리는 마땅히 많은 환난을 거쳐 하느님 나라에 들어가야 합니다"(사도 14,22). 그리스어 '틀립시스'*thlipsis*는 '곤경 · 낙담 · 난관 · 모욕'이라는 뜻이다. 외적 · 내적으로 적잖은 곤경을 겪으면서, 신비주의자 요하네스 타울러의 말대로 "궁지"에 빠졌다 나가면서 나의 길은 하느님 나라로 이어진다. 또한 나의 길은 "하느님의 영광"으로, 하느님께서 지으신 유일하고 영광스런 모습으로 나아간다. 이 길을 가면서 내 안의 하느님 모습을 가리고 있는 많은 허물이 벗겨진다. 매일 궁지에 빠졌다가 헤쳐 나오면서 나의 자아 속에서 예수님의 모습이 더욱 뚜렷하게 빛난다.

예수님에 대한 나의 고백을 간추리자면, 예수님은 하느님께 인간의 얼굴을 부여하신 분이라는 것이다. 내가 관념적·이론적으로 말할 때 내 눈에서 사라지셨던 하느님께서 예수님의 모습을 하시고 인간적인 하느님으로 내게 다가오셨다. 나의 '그대'로서 내 앞에 다가오시는 하느님, 위로하고 해방시키고 구원하고 용서하시는 하느님, 넓은 시야를 갖게 하고 자유와 사랑을 주시는 하느님으로 내 앞에 다시 나타나셨다. 예수님은 내가 영적 수련을 쌓아야겠다는 압박감에서 벗어나게 하셨다. 십자가를 통해 영적인 길에 대한 모든 인간적인 생각을 거부하셨다. 내가 삶의 신비에 눈뜨도록 십자가를 통해 하느님과 나 자신에 대한 내 생각들을 '지워 버리셨다'.

나에게 예수님은 하느님께서 조건 없이 나를 받아들이신다는 메시지며 모든 두려움을 몰아내는 사랑의 '보증수표'다. 예수께서 세상에서 보여주신 하느님 사랑이 얼마나 좋았던지, 나는 죄 지을까, 좌절할까, 실패할까, 단죄받을까 하는 두려움을 모두 털어 버릴 수 있었다. 예수님은 눈에 보이는 '메시지'다. "하느님은 사랑이십니다. 사랑 안에 머무는 사람은 하느님 안에 머물고 하느님도 그 사람 안에 머무십니다. … 사랑에는 두려움이 없으며, 완전한 사랑은 두려움을 내쫓습니다"(1요한 4,16.18). 예수님은 사람이 되신 '하느님 사랑'이다. 하느님 사랑이 나를 가득 채우면 나는 치유되어 온전해지고 구원되고 해방된다. 그 사랑은 나에게 생명을 불어넣는 희망이며, 내가 집 짓는 토대며, 살 힘을 주는 믿음이다.

참고한 책

Augustinus, *De Magistro*.

Die Bibel. Einheitsübersetzung der Heiligen Schrift. Gesamtausgabe, Stuttgart 1980.

Eugen Biser, *Der inwendige Lehrer*, München - Zürich 1994.

Heinrich Böll, *Und sagte kein einziges Wort*, Köln 1953.

Fjodor M. Dostojewski, *Der Idiot*, München - Zürich 1964.

—, *Schuld und Sühne*, München 1960.

Der Brief an die Galater, übersetzt und erklärt von Heinrich Schlier, 15. Aufl., Göttingen 1989.

Bernard McGinn, *Geschichte der christlichen Spiritualität*, Bd. I., Würzburg 1993.

Walter Grundmann, *Das Evangelium nach Markus*, Berlin 1984.

Klaas Huizing, *Ästhetische Theologie. Der erlesene Mensch*, Stuttgart 2000.

Carl Gustav Jung, *Briefe* I, Olten 1973.

—, *Erinnerungen, Träume, Gedanken*, Olten 1971.

Karl-Josef Kuschel, *Jesus in der deutschsprachigen Gegenwartsliteratur*, Zürich 1978.

Thomas Mann, *Doktor Faustus*, Frankfurt a.M. 1992.

Bargil Pixner, *Wege des Messias und Stätten der Urkirche*, Gießen 1991.

Photina Rech, *Inbild des Kosmos*, Salzburg 1996.

Richard ROHR, *Der wilde Mann*, 18. Aufl., München 1995.

Edward SCHILLEBEECKX, *Christus und die Christen. Die Geschichte einer neuen Lebenspraxis*, Freiburg 1977.

—, *Jesus. Die Geschichte von einem Lebenden*, 3. Aufl., Freiburg 1975.

Weisung der Väter. Apophtegmata Patrum, übersetzt von Bonifaz MILLER, 4. Aufl., Trier 1998.

Jörg ZINK, *Jesus. Meister der Spiritualität*, Freiburg 2001.